我要去平壤！

我要去平壤！

2019 北朝鮮真實遊記

鄭在娟——著　林建豪——譯

已經
抵達平壤了。

已經抵達平壤了。

平壤團體旅遊行程
2019 平壤旅遊一次看清

第 1 天

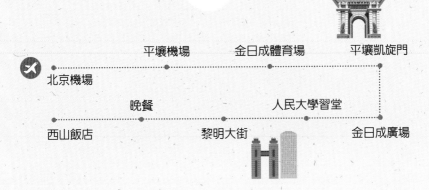

平壤機場　　金日成體育場　　平壤凱旋門

北京機場

晚餐　　　　　　人民大學習堂

西山飯店　　　　黎明大街　　　　金日成廣場

第 2 天

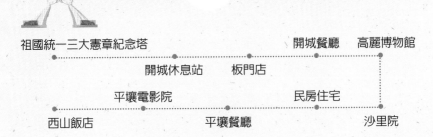

祖國統一三大憲章紀念塔　　　開城餐廳　　高麗博物館

開城休息站　　板門店

平壤電影院　　　　　　民房住宅

西山飯店　　　　平壤餐廳　　　　沙里院

第 **3** 天

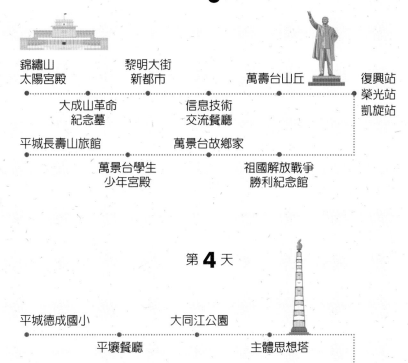

錦繡山
太陽宮殿

黎明大街
新都市

萬壽台山丘

復興站
榮光站
凱旋站

大成山革命
紀念墓

信息技術
交流餐廳

平城長壽山旅館

萬景台故鄉家

萬景台學生
少年宮殿

祖國解放戰爭
勝利紀念館

第 **4** 天

平城德成國小

大同江公園

平壤餐廳

主體思想塔

平壤冷麵店

書店

西山飯店

光復百貨公司

朝鮮勞動黨
創建紀念塔

第 **5** 天

西山飯店

北京機場

平壤順安國際機場

| 前言 | 為何偏偏想去北韓呢？_9

第 **1** 章　我要去平壤

- 您要去平壤？_14
- 這裡是旅行社還是住家？_17
- 北韓也能購買SIM卡？_23
- 北韓不會在護照上蓋出入境章_30
- 在北韓說韓文也沒關係嗎？_37
- 被列為最糟糕航空公司的高麗航空_41
- 體驗高麗航空飛機餐「神祕漢堡」_44

第 **2** 章　這真的是北韓的「平壤」

- 您是朝鮮族嗎？_52
- 請稱我為同志_56
- 鄭小姐，請問妳是富二代嗎？_59
- 這裡真的是北韓嗎？_63
- 我們不是兄弟嗎？_71
- 當然要先吃吃看北韓泡菜呀_74
- 酸乳就是酸乳呀，喝喝看_79

第 **3** 章 前往吶喊統一的開城

- 早安，平壤！ 86
- 南韓不是自由民主主義嗎？ 89
- 我們是一體 93
- 南與北的相遇，今天就暫時統一吧 98
- 古代君王享用的食物 105
- 如果有北韓居民的熱門場所？ 110
- 北韓居民住在什麼樣的房子呢？ 117
- Made in North Korea，大同江啤酒 120
- 我們看電影時也是吃爆米花 123
- 出乎預料的服務 126

第 **4** 章 和北韓市民一樣遊走平壤

- 我在看什麼呢？ 130
- 鄭小姐，可以幫忙獻花嗎？ 139
- 前往平壤的江南——黎明大街 143
- 北韓也有地鐵？ 148
- 和平壤市民一起搭乘地鐵！ 155
- 北韓的國民零食——人造肉飯 159
- 什麼？6‧25戰爭是北侵？ 162
- 另一個熱門場所 167
- 停電是很正常的吧 173

第 5 章　最有名的城市 —— 平城與平壤

- 喇叭廣播，和Morning Call沒有兩樣 __178
- 造訪英才學校 __183
- 超越想像！充滿才能的孩子們 __187
- 北韓目前也流行炸雞配啤酒 __191
- 如果首爾有漢江，那平壤則有大同江 __194
- 要不要在主體思想塔喝一杯咖啡呢？ __198
- 我們都是同胞，打折一下吧 __202
- 購物天國！和當地人一樣購物 __205
- 南朝鮮人不是都過著富裕的生活嗎？ __209
- 北韓同胞送花束給我 __212

第 6 章　再見，期待下次的到來

- 就算在眼前也覺得懷念 __218
- 背包裡有放酒嗎？ __222
- 在統一的祖國See you again __227
- 看著北京的夜空，為何會流淚呢？ __230

| 後記 | 完成平壤之旅 __234

為何偏偏想去北韓呢？

　　當我躺在北京飯店的床上時突然感到相當擔憂，抵達平壤後會不會因為我來自首爾就立刻將我隔離呢？離開溫暖的家和家人展開這樣的冒險是對的嗎？我甚至不惜放棄了原本做得好好的工作，但等真正出發後思緒卻變得非常複雜。當我告訴家人我要去北韓旅行時，家人甚至問我是不是瘋了！就算我不繼續談論家人對於北韓的想法，各位讀者大概也猜得到吧。

　　當時在醫院的奶奶聽見孫女要去北韓旅行的消息後，便如同訴苦一般地握住我的手說：「看來妳根本就不懂北韓有多麼可怕，抵達平壤後妳就會被共產黨抓走！而且永遠都沒辦法回來。」經歷過6．25戰爭的奶奶和奶奶撫養長大的母親是活在接受過反共．防諜教育的世代，七○～八○年代出生的人大概都記得李承福小朋友的事件吧，當時他在說完：「我討厭共產黨！」這句話後就慘遭殺害。那個時期都以很露骨、可怕的

方式宣傳共產黨、武裝共匪，我還記得小時候自己每天晚上睡前都會祈禱北韓不要發動入侵攻擊。

那大概是我幼稚園時的事情吧？我曾問叔叔說：「要睡幾個晚上共產黨才會攻過來呢？」

叔叔則安撫我說：「大概睡一千個晚上吧，但我們住在濟州島，他們大概無法來到這麼遠的地方吧？」當時的景象至今歷歷在目，對那時的我來說，一千個夜晚是使用手指和腳趾都無法數完且非常久以後的事情。

我國小時曾參加校內演講比賽，當時6‧25戰爭或統一是小朋友演講比賽時最常出現的主題，這一類的主題最適合小朋友張開雙手吶喊。我同樣也以6‧25戰爭為主題準備了演講內容，並且更詳細地學習關於北韓或戰爭的資訊，當時我認為自己出生在韓國是很慶幸的一件事。但隨著時間的流逝，慢慢地檢舉間諜的海報、共匪、共產黨等用詞的使用也減少了，是從什麼時候開始的呢？宣傳物與新聞快報中已經不再出現間諜、坑道之類的內容了。五年前從澳洲回到韓國時，我最

先去拜訪DMZ（Demilitarized Zone，南北韓非軍事區）和JSA
（Joint Security Area，俗稱板門店），在那邊遙望了北韓的景
色。也同時看見了步行只要兩分鐘就能抵達的北韓領地上那毫
無表情的北韓軍人，難以相信幾十年前兩邊領土的人都是屬於
同一個國家。

　　我只是想用自己的雙眼看北韓，這本書記載了在韓國
長大的平凡民眾前往北韓旅行時所目睹的一切以及坦率的感
受。

首爾

鄭在娟

第 **1** 章

我要去平壤

您要去平壤？

從金浦機場

　　一直到抵達金浦機場都還沒有取得北韓的簽證，是因為這次的旅行太匆忙，所以申請簽證的時間比較緊迫嗎？現在真的準備要出發了，但我卻很擔心自己是否能搭上飛機，我先走向中國國際航空的櫃台辦理登機手續。

　　「我要從北京搭機前往其他國家，所以想申請無簽證待在中國一百四十四個小時。」

　　「您要去哪個國家呢？」

　　瞬間腦海中一片寂靜，這是我從未預料到的問題，如果我說要去北韓，韓國政府會不會不讓我去呢？

　　「我要去平壤。」

　　「什麼？您要去平壤？」

　　職員的表情顯得相當驚慌，接著便去找經理過來，經理問我前往北韓的理由，以及為何至今還沒取得簽證等各種問

題，我則表示自己同樣也對尚未取得簽證的部分感到有些擔心，但卻還是得先去北京。經理顯得相當為難，接著打電話去多個地方詢問，然後就暫時離開了現場。我突然變得很焦躁，並且立刻開啟手機寫信給北京的旅行社。

「我目前在韓國的機場，沒有北韓的簽證似乎會有問題，還沒取得簽證嗎？請快點幫我確認一下。」

大概等了五分鐘左右吧？經理列印了一張紙走過來，仔細閱讀後才知道是一張切結書，內容是說如果在中國被拒絕入境而遭受遣返，航空公司也不會負起任何責任。基於認為這樣應該不足以造成問題，於是我便放心簽名，在托運行李後便前往登機口。我帶著一瓶水且調整呼吸，中國國際航空的飛機就在眼前了，一想到馬上就要搭上飛機，腦海中頓時浮現來機場前對母親說過的話。

「我會注意安全，若是發生事情導致我無法回來也別太擔心！畢竟這是我自己做出的決定，我不會後悔！我到北京後再打電話回來。」

光是女兒要去北韓這個事實就令人感到害怕了，聽見我這樣說後，母親覺得相當荒謬和傻眼，於是便回答我說：「別說那種觸霉頭的話！去那邊別說韓文，說英文就好了！

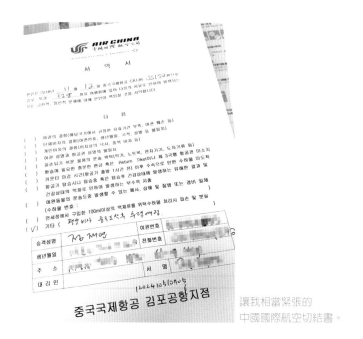

讓我相當緊張的
中國國際航空切結書。

不要奔跑或提出任何問題，人家給什麼妳就吃什麼，安分一
點！絕對不要說韓文！聽見了嗎？抵達北京後立刻打電話回
來。」

　　這大概真的會是乖乖吃飯且安分守己的一場旅行，這場
獨特且特殊的旅程已經展開了，事到如今，無論何種情況我都
一定要前往平壤。

這裡是旅行社還是住家？

從北京機場前往旅行社

經過兩個多小時，我終於抵達北京。首先，我得在沒有北韓簽證的情況下取得待在中國一百四十四個小時的許可，然後再前往北京市區。我再次排隊等待海關檢查護照和機票，而且我又再度變得焦躁，昨天是擔心是否能前往北韓，現在則是擔心無法進入中國。老實說我根本就不清楚北韓簽證長什麼樣子，也不確定會不會是和其他國家一樣在網路上申請後，就能取得一張類似同意書的紙張，總之，我只希望自己能順利通關。

一名短髮年輕海關人員連看都不看我一眼，翻開護照後便問說：「妳要去哪裡呢？」

「我要去平壤。」

令人感到不安的北韓專業旅行社。

聽見平壤兩個字後他才終於抬起頭看我，他很仔細瀏覽了我的護照，接著把我的護照拿給其他海關人員審視，並且短暫用中文交談了一下。我說忘記簽證了並遞出高麗航空的電子票，接著很快就取得短期滯留中國的簽證，沒想到我輕輕鬆鬆就離開了中國機場。

將行李寄放在飯店後，我就先去一趟旅行社，北京市區相當複雜，好不容易攔到計程車便前往旅行社總公司所在的三里屯服飾商街附近，無論我怎麼繞都沒看見旅行社，東張西望好一段時間才終於看見某個鐵門上的看板寫著「高麗旅行社」。

因為和我認知中的旅行社實在太不一樣了，我靜靜凝視著那個沒有人進出的鐵門好一會兒。

「這裡真的是旅行社吧？難道是在一般家庭中開設旅行社嗎？」

我按了門鈴，但卻沒有人出來，再次按下門鈴後，喇叭響起混雜中文口音的英文說：「請問是哪位？」我完全沒想到必須不斷接待觀光客的旅行社會是這種程度，因為頓時無言以對，所以我只能靜靜地站著，旅行社一直遲遲沒有提供北韓簽

證，會不會是因為這一切都是騙局呢？正當我的腦海中浮現這樣的想法時，有人從內部開啟了鐵門的鎖，體格嬌小的中國女子抱著一隻貓露出開朗的笑容向我打招呼。

走進旅行社內部後發現氣氛和外面完全不一樣，真不愧是一九九三年首間開設北韓旅行團的旅行社，牆面上貼有關於北韓的海報，我還看見在白頭山擺出萬歲姿勢的遊客照片，桌上整齊擺放著觀光指南、明信片、北韓相關報紙等，還有擺放密密麻麻椅子的會議室和辦公室，辦公室裡大約七名左右的職員都顯得相當忙碌。

過了一會兒，我等待的該名職員出現了，她就是過去兩個星期透過電了郵件和我說明旅行相關狀況的職員，她開心地迎接我且叫了我的英文名字。

「Jae！能夠這樣見到妳真的很開心！」

「我也很高興能見到妳！妳有確認過我今天上午寄的信件嗎？因為我沒有北韓簽證，在韓國機場時很傷腦筋，還沒取得簽證嗎？」

「簽證嗎？簽證當然下來了！旅客也全都來了！」

「但妳昨天不是說簽證還沒下來嗎？」

「怎麼可能呢？大家的簽證都下來了呀！」

頓時我對於自己一直因為簽證而提心吊膽這件事感到相當憤怒，真搞不清楚她到底懂不懂我的心情，她就這樣一副若無其事的態度帶我走進了辦公室。雖然這間旅行社位於北京，但卻是英國人經營的旅行社，因此英國職員比中國職員還多。

　　我先支付了旅費尾款，旅費於剛開始申請時使用信用卡付了七〇％，尾款則在旅行社北京總公司支付歐元現金。再次走到辦公室外面觀看旅行社內部時，其他旅客正一個個走進去，那些都是這次要一起去北韓的團員。初次走進旅行社時，我也是那種表情嗎？看見大家一臉不知所措的表情後，讓我忍不住笑了出來。

　　我們互相打了招呼，接著為了打破尷尬的氣氛，於是便開始坦率地聊起各自的旅行目的。雖然有前往北韓拍照的攝影師、知名的旅遊Youtube網紅，以及主修政治學的大學生，但大部分團員的旅行目的都和我一樣──「單純只是好奇而已」。目前為止，其他人都對我這個東方人沒有抱持太大的關注，似乎完全沒想到我是來自和北韓呈現休戰狀態的大韓民國，而我也無法想像自己去北韓時會經歷什麼樣的事情。

　　會議時間就快到了，參加北韓之旅的全體旅客一律都得

參加旅行社舉辦的事前會議，總共一小時的會議其重點在於事先告知前往北韓旅行時應當注意的事項，因為是旅客必須知道的重要內容，沒有參加會議的旅客就無法前往北韓，這是旅行社制訂的鐵則。

北韓也能購買SIM卡？

北京市區的旅行社

進入會議室後大約有三十個椅子，桌上擺放有旅行社事先準備的旅遊指南書和掛有旅行社胸章的護照夾，當原本在外面閒聊的旅客全都就位後，一名身材高大且面無表情的英國男子走了進來。從他手中拿著麥克風這一點來看似乎是導遊，他簡單地自我介紹後，便先確認旅客是否都有確實取得中國簽證。

如果不是居住在中國的人，從各自的國家進入中國後前往北韓時就得再次回到中國，因此必須取得能再次進入中國的雙簽證。明天就要出國了，若是不小心只取得單次簽證的話，事情就會變相當複雜，似乎是這樣才會事先進行確認。幸虧大家都是取得雙簽證後才來到中國，所以才能正式開始舉行會議。

會議中說明了填寫入境卡的方法、學習簡單的北韓會話、旅行時應該遵守的規則，以及事先該明白的事項，說明時間超過一個小時。

　　我在廣播或電影中聽過許多北韓的對話，因此我很有信心，舉例來說，我知道「沒事」是「沒關係」的意思。另外，我的母語是韓文，應該不至於會因為語言而發生問題吧，但旅程的第一天，我才終於明白這種想法太傲慢了。

　　姑且不論其他事情，能帶手機或筆電前往北韓這一點讓我覺得相當神奇，既然可以帶筆電，我便順問了是否有Wi-Fi，聽說平壤的飯店內部有無線網路，但據說價格相當昂貴，因此不需要刻意使用。在機場購買SIM卡就能透過手機撥打或接收國際電話這一點也讓我很訝異，我不禁懷疑那真的是我認識的北韓嗎？

　　北韓有兩種通信網絡，一種是專門為了當地人設置的網絡，另一種則是外國人使用的網絡。旅客使用SIM卡就能和北韓境內的其他外國人通話，但信號卻無法和當地人連結，國際通話費相當昂貴，中國、東南亞、歐洲等每分鐘是1.5歐元（大約2000韓幣，編按：1台幣=40.54韓幣），美國每分鐘5歐元（大約6500韓幣），反之，俄羅斯每分鐘0.68分（大約900

韓幣）。雖然早已聽說北韓與俄羅斯的關係很好，但不管怎麼看都讓人覺得這是一種差別待遇，總之，沒有團員購買SIM卡或是申請Wi-Fi。前往北韓旅行時最重要的一點就是「必須尊重北韓的領導人」！至今我去其他國家時都不曾聽過須尊重該國領袖或對該國領袖要遵守禮儀之類的規定，但北韓卻不一樣，對北韓人來說，領導人是超越國家元首的神聖存在，這一部分在關於北韓領導人的五項內容中顯而易見。

第一、北韓人成年後胸前就得掛印有金日成、金正日肖像的胸章，每個人都得戴上胸章且不得遺失胸章。

有觀光客詢問是否能另外購買該胸章，導遊則以沉穩的表情堅決地回答說：「那是一種稱頌永遠活在人民心中的主席的象徵，並非可隨便使用金錢買賣的物品。」。

第二、領導人的銅像體積都相當巨大且建在高處。使用相機拍領導人銅像時一定要正面拍攝，禁止拍攝背後或是只拍攝一部分，一定要拍攝全身。如果偷偷從後面拍攝會怎麼樣呢？

北韓旅客一定要遵守的規則

- 尊重北韓社會主義思想
- 不要對北韓人民宣傳特定宗教或數落社會
  主義思想
- 尊重北韓領導人
- 禁止攜帶聖經、具備宗教目的之書籍、南
  韓編著的一切書籍、包含北韓指南書在内
  的一切相關書籍、成人書籍等
- 無論去哪都必須團體行動且由導遊陪同，
  不要獨自離開飯店，絕對不要單獨行動
- 絕對不可拍攝軍人，在導遊說禁止攝影的
  區域絕對不能拍攝任何照片

偷偷攝影本身是絕對不可能發生的事，北韓當地的導遊一直都會待在旅客身邊，若是不小心只拍攝到身體的一部分，發現的當下就得立刻刪除且得提醒下次必須更加小心翼翼，因為隨時隨地都可能會檢查身上的相機，我就不可避免地也接受了檢查。

第三、在北韓不只是家裡而已，地鐵內部也掛有領導人的照片，從這一點可感覺得出領導人是已經超越國家領袖的存在。

第四、北韓報紙的第一頁通常都會刊登領導人的正面照片，不能任意將它摺起來或弄出皺褶，若是非得摺起來，就得小心翼翼避免讓指導者的外觀出現皺褶。假設被發現用來當鍋墊、包鞋子等的用途，很可能會被迫送去長期旅行（？）那並非能任意丟棄的物品，特定機關會定期回收且在遵守禮儀的狀態下（？）予以報廢。

第五、在北韓說領導人名字時前面絕對不能忘記加上「偉大的」，例如介紹時會說「偉大的首領」、「偉大的金正日同志」等。

特別是不能隨便使用印有領導者圖片的報紙這一點讓大

前往北韓旅行時事前須知道的事項

- 在北韓能購買藥物，但由於種類不多，因此須攜帶足夠的急用藥品。消化劑與止瀉劑是必備物品。

- 為了應對突然斷電或沒有熱水的情況，最好攜帶手電筒或備用電池與濕紙巾。

- 為了應對餐點不合自己胃口的情況，可另外準備平常喜歡吃的零食。

- 參觀國小時可另外準備送給小朋友的禮物，但須記得那終究只是禮物。舉例來說，千萬不能送用過的鉛筆、筆記本、彩色筆或是幾件衣服，禁止送會令人心情不愉快的禮物。

- 無法兌換北韓的貨幣，外國人絕對無法使用北韓貨幣購買物品或持有北韓貨幣，須攜帶足夠的現金（人民幣、美金、歐元），毀損或嚴重皺褶的鈔票同樣無法使用（據說北韓商人不收這一類的鈔票）。

- 在北韓無法使用信用卡、旅行支票等，也無法提領現金。另外，由於平壤機場沒有可換錢的地方，前往北韓之前就該準備足夠的現金。

- 若是攜帶數位相機，須準備足夠的備份記憶卡，在當地無法購買。

- 若是攜帶手機或筆電，須先確認相簿中是否有毀謗北韓領導者形象或外型，以及誹謗領導者的音樂，若是有一定要刪除。在機場時可能會檢查持有物品。

家都很訝異，為了紀念來北韓旅行而想要購買《勞動報》的人都會有「到底該如何把報紙帶回家？」、「是否可以把報紙捲起來呢？」等疑問。

看見入境卡時，因為上面寫著韓文，我不禁認

可攜帶前往北韓的物品

- 手機、筆電、平板、電子書、MP3等電子用品
- 筆記本或筆
- 食物、餅乾、酒、香菸、平常服用的藥
- 牛仔褲、短褲、襯衫等的衣服

為這種東西需要特別說明填寫方法嗎？但當我看見小心翼翼瀏覽入境卡每一字句的外國人時，腦海中突然浮現一個想法，那就是我要去的國家使用和我一樣的語言，以及曾經和我們屬於同一個國家的事實！所以才會對寫著韓文的入境卡如此司空見慣，這樣的想法也讓此次的北韓之旅顯得更加特別。

泡菜與味噌湯作為餐桌菜餚，朝鮮的歷史稱為「我們的歷史」，我要前往一個有著和我們相同飲食文化與歷史的國家，我深信在那邊一定可以感受到不同於其他國家的特殊之處，我也深深確定這次前往同胞的國度一定會是一段令人內心澎湃的旅程。

北韓不會在護照上蓋出入境章

前往北京機場

　　因為必須經由北京前往平壤，同行的團員全都在北京睡了一晚，當然飯店的住宿費不包含在團費當中，須各自另外支付費用。

　　出發當天眼睛自然睜開後就看了一下時間，當時是清晨四點十五分，我整晚都翻來覆去，但一點都不覺得疲倦，有種異常鎮定的心情。我記得自己入睡前似乎在擔憂一些並未發生的事情，接著便開始準備出門。

　　來到北京後我還沒打電話回家，聽說在中國無法使用通訊軟體KakaoTalk和Google，我本以為飯店可以打國際電話，所以沒有做任何準備。前一天晚上使用房間的電話撥打國際電話時，電話另一端只傳來聽不懂的中文，於是我便放棄了。

為了詢問大廳的電話是否可撥打國際電話，我便前往櫃台，但或許因為是小型飯店的關係，沒有任何一名工作人員會說英文。

　　看見飯店職員一臉疑惑的表情後，最後我忍不住拿起電話假裝撥打電話說：「Hello, Hello, my mother? Korea? Korea?」對方才終於明白回答說：「Oh, no, no telephone, no Korea. China telephone, okay.」沒錯，這間飯店無法撥打國際電話，既然連簡單的溝通也很困難，讓人不禁擔心會不會在旅行結束前都無法和家裡聯絡呢？為了快點和家裡聯絡，我必須早點前往旅行社。

　　觀光客在前往機場之前再次聚集於旅行社總公司，一名昨天未見過的中年男性職員已經先來到辦公室，我問是否能讓我打一通國際電話，他很爽快地便將電話遞給我。於是我便打電話告訴母親說此次旅行的團員當中有夫妻和大學生等相當多人，並且要母親別太擔心，我盡可能在短時間內就結束通話。

　　隨著旅客一個個進來後，大廳很快就擠滿人，來自英國、澳洲等外國人的背包體積格外顯眼，在確認完團員後，大家便一起走出旅行社大門。

從此刻開始，任何人都不能單獨行動，一上遊覽車，昨天主持會議的導遊便拿起麥克風再次說明旅行時的注意事項，在旅途中若是違規就會被迫取消行程，不只是旅客而已，連當地（北韓）的導遊都會受到嚴重的懲罰，因此旅行社才會一再的叮嚀和提醒。接著開始分發北韓簽證（北韓是說觀光證），一看見手掌大小的藍色紙張上寫著「朝鮮民主主義人民共和國」後，我才真正有終於要前往北韓的感覺。

　　翻開簽證後，可看見旅客的正面照片、名字、國籍等的資訊，透過這次的北韓之旅，我才知道北韓當局不會在旅客的護照上蓋章，因此，完全不會留下進出過北韓的相關紀錄。

　　「那麼該如何證明自己入境北韓呢？」

　　昨天我和幾名團員在旅行社非常熱烈討論要蓋在護照上的印章，其實這是前往北韓旅行的遊客相當關注的問題，北韓滯留許可章沒辦法輕易取得，但卻讓人很期待，如果真的蓋上北韓的入境章，我擔心日後前往美國、歐洲等地時會受到處罰。但擔憂只是暫時的，後來我才知道北韓入境章不會蓋在護照上，而是蓋在簽證內側的簽名欄，觀光證（簽證）在旅行結束時得繳交給出境稅官。

北韓觀光證正面與反面。

北韓觀光證內頁。

換句話說，這也代表觀光證絕對不能帶到北韓境外，或許是認為此一藍色紙張很新奇，大家都忙著拍照。我帶著緊張的心情翻開觀光證，令人訝異的是，我的民族類別（國籍欄）竟然寫著「朝鮮人」。

「這是怎麼一回事？朝鮮人？朝鮮人是哪個國家的人呢？他們該不會把我當作北韓人吧？」

這個單字讓我頓時覺得很不安，我立刻拿著觀光證去問站在一旁的導遊。

　　「請看一下這邊，上面寫我是朝鮮人，朝鮮人不就是北韓人嗎？」

　　「朝鮮人是指韓國人，因為Jae小姐妳出生在濟州島，所以才會把妳分類為朝鮮人，不需要擔心！妳不是以澳洲國籍入境的嗎？」

　　「對，話雖如此，其他澳洲人都寫著澳洲人，只有我被分類為朝鮮人，讓我覺得有點不安。」

　　他再次說完別擔心後便去回答其他旅客的問題，雖然不放心，但導遊其實也沒說錯，如果說韓國人是朝鮮人的話，我確實本來就算是朝鮮人。

　　搭車三十分鐘左右終於抵達北京機場，我們立刻走向高麗航空報到櫃台，或許是因為前往北韓的人不多，走了好一段距離才抵達櫃台。看見螢幕上以宮書體顯示的「高麗航空」後，思緒頓時變得複雜，於是我來來回回跑了好幾趟廁所。搭乘高麗航空後就會親眼見到北韓人，光是想像就令人緊張，或許是我的臉上寫著「我在發抖」，身旁的團員問說：「Jae，妳很緊張嗎？」

我回答說：「對呀，我真的很緊張，好像快要暈倒一樣。」

　　站在前面的另一名團員大概是聽見我說的話而看著我竊笑了一下，對，面帶笑容吧！假裝自己不害怕，勇敢向前邁進吧！總不可能會有生命危險吧？

国际/港、澳、台出发 Int'l/HK, Macao,

STD	Flight	To/Via	CodeShare	Gate	ETD/Remarks
12:05	HX337	Hong Kong	HU8189	12	Last Call
12:20	DL128	Los Angeles	MU8885	13	Last Call
12:55	JS152	Pyongyang		07	
13:00	MU271	Tokyo	DL6577	90	
13:25	JD5759	Macau	HU8811	04	
14:15	HU497	Chicago		02	

Schedule period of validity: 12:05 to 14:15

STD	Flight	To/Via	CodeShare	Gate	ETD/Remarks
16:15	HU7977	Calgary	JD5401	04	
16:30	CZ323	Phnom Penh	KL4692	90	
16:45	HU7985	Moscow	S74462		
16:50	MU711	Sydney	QF5004	90	
17:25	HU7929	Phuket			
17:25	AA262	Dallas		08	

Schedule period of validity: 16:15 to 17:25

計划
14:2
14:4
15:3
15:5
16:0
16:15

計划
18:30
18:55
19:00
19:15
19:20
20:10

登機口畫面中顯示的「Pyongyang」

在北韓說韓文也沒關係嗎？

北京機場，高麗航空報到櫃台

接下來就是各自完成搭乘手續且在登機口集合，沒想到排隊的人比預期中的還要多。

「這些人到底是來自哪些國家呢？為什麼要去北韓呢？」

他們是要去北韓做生意嗎？每個人都攜帶好幾個箱子，而且推車上堆滿了電視、電鍋、熱水瓶、棉被等物品，這還是我第一次在機場看見棉被。一邊猜想排隊的人當中會不會也有北韓人，一邊假裝排隊慢慢接近排隊的人群，但因為機場太吵了，排隊人群的交談也太小聲了，導致我根本就無法辨識，不過就在這個時候，我發現有一群人胸前戴著的胸章印有熟悉臉孔，胸章上的人就是金日成和金正日，我十分確定那些人一定就是北韓人。

北韓人竟然就站在我眼前！因為內心激動不已，我不自覺地就一直盯著他們的臉孔看了好一會兒。現在仔細想想這種行為有點太失禮了，但就算我盯著他們看，他們看起來似乎也完全不在乎，腦海中突然浮現一個疑問：「櫃台的職員也是北韓人嗎？如果是北韓人的話，我可以說韓文嗎？」於是我便問旅行社的導遊：

　　「我會說韓文，和北韓人交談時也能說韓文嗎？」

　　「那當然囉！我去過北韓非常多次，所以在平壤有相當多的朋友，他們對南韓人絕對沒有負面的評價，相信他們應該會很喜歡妳？那邊也是人住的地方不是嗎？」

　　「大概是吧？但我目前還是無法想像。」

　　很快就會知道他們是喜歡我或是厭惡我了，在等待的過程中，我開始不斷地聽見北韓話，在現實生活中親耳聽見原本一直都只在廣播中聽過的北韓腔調後，內心頓時湧入一股澎湃感。我小心翼翼地看了他們每個人的臉孔，有人長得像我叔叔，有人則長得像我朋友的媽媽，和南韓人根本就沒有兩樣。現在我終於要前往距離韓國最近，同時也是最遙遠的國家，頓時湧入一股心酸感。

　　終於輪到我了，我審慎地把護照與機票放在櫃台上，本

搭機旅客開始一個個聚集在登機口。

以為櫃台人員會問很多問題，但對方卻什麼話都沒說，當我的背包通過X光安檢機時發出了嗶的聲音，於是中國公安便走向我，糟糕，大家都在看著我！我們旅行團的導遊在遠處對我使用肢體語言「What's wrong?」（發生什麼事了？），我則回答I don't know（我不清楚）。

中國公安比出手勢要我打開背包，打開背包後看見鮪魚罐頭、真炒碼麵、真拉麵、海帶湯泡麵、咖哩粉、三分炸醬，接著疊在一起的暖暖包一個個掉落出來。又不是要去逃難……真的很想找個地方躲起來，真不知道公安是否能理解我當下的心情，他開始把手伸入背包翻找，最後在下方的衣服底下找到了兩個巧克力派。

看見被翻開的背包後，頓時有種穿著內衣站在他人面前的感覺，後方的英國團員看著我露出一臉遺憾的表情……。此外還有薏仁茶和餅乾！不管怎麼翻都只有找到食物而已，接著公安說：「No problem.」並將機票遞給我，雖然也不是

完全沒問題。

　　高麗航空JS152班機於十二點五十五分從北京出發，北韓時間三點五十五分抵達，確認座位是靠窗後，我的心情又再次恢復愉快了。竟然能親眼欣賞飛往平壤的每一瞬間，在天空中看見的平壤會是什麼樣的情景呢？我試著安撫自己澎湃且充滿期待的心情，就這樣奔向登機口。

　　走到登機口時看見更多的北韓人，大概是家族旅行吧，嘻笑聲甚至顯得有些吵。乍看下彷彿有種來到濟洲國際機場的感覺，該怎麼說呢？有種來到住在不遠處的親戚家的感覺？如果我走過去向他們說：「你好嗎？」他們應該也會回應我吧。

被列為最糟糕航空公司的高麗航空

高麗航空飛機內

　　穿著亮眼藍色制服的高麗航空空服員坐在登機門前的椅子上，正在進行飛機出發前的檢查。首爾到北京需要兩小時，從北京到平壤則需要一小時三十分鐘，以在同一塊土地且是鄰居的國家來說，不禁讓人覺得這之間所花的時間也太久了。

　　搭機時間一到，航空公司職員便開始在登機門櫃台進行準備，聊天的人們、看書的人、邊吃三明治邊看手機的人全都變得相當忙碌。返家的北韓人、前往北韓做生意的中國商人、旅行的外國人，旅客當中有和我一樣充滿恐懼與期待呈現百感交集狀態的人嗎？是否有人和我一樣聽見「北韓」兩個字就覺得內心鬱悶呢？很快就要和北韓人一起搭乘北韓的飛機前往北韓了，心中甚至產生一股驚悚感。

　　我在開始登機時就站在排隊人群的中間位置，我一開始就想好旅行時要盡可能避免站在人群前方或後方，而是要選擇

載我們前往北韓的高麗航空JS152。

中間的位置。進入飛機後就和其他航空公司一樣,空服員面帶
笑容迎接旅客,外籍乘客大部分都在北京開會時學了韓文,因
此搭機便使用韓文向空服員打招呼。

「您好?」

儘管發音很不標準,但聽起來卻很可愛,空服員則帶著
微笑回答「歡迎搭乘」,雖然飛機看起來有些老舊,但內部整
理得相當乾淨。

看見旅客陸續就座，空服員協助放行李的畫面後，讓我的內心稍微平靜了一點。

　　我其實並不是很喜歡搭飛機，我曾有過嚴重的高空恐懼症，因此試著搜尋過各個航空公司的飛行感想，我對座位不舒服或是飛機餐太糟糕等等的評論完全沒興趣，「安全」是我最在意的考量。這次決定前往北韓旅行時，我也在網路上搜尋過高麗航空的搭乘感想，每年高麗航空都只獲得一顆星而已，也就是最糟糕的評價。儘管它是全世界最糟糕的航空公司，但正評的搭乘感想卻出乎意外的多。以前中國航空公司也有北京－平壤的航線，但因為需求量不高，現在只有高麗航空飛行此一航線。

　　剛進入機艙時沒有發現，但當體格高大的西方人一窩蜂湧入後，讓人頓時覺得空間好狹窄。導遊說飛機內部可以自拍，但盡可能別讓空服員入鏡。飛機起飛後，便聽見熟悉的廣播聲，天花板的螢幕則開始播放安全宣導影片。

體驗高麗航空飛機餐「神祕漢堡」

高麗航空機內

　　高麗航空的「神祕漢堡」相當有名，高麗航空的評價之所以會是最差的原因之一，就是因為此一飛機餐，這項事實也令人相當驚訝。因為該漢堡不僅難吃，連漢堡肉是使用何種食材製成也無從得知，因此才會被稱為神祕漢堡，而且就算詢問空服員也得不到令人滿意的回答。麵包與漢堡肉之間加了些許（？）的蔬菜，視覺上要稱為漢堡總覺得少了些什麼。

　　飛機剛起飛沒多久，空服員就從前面開始發放報紙，搭乘其他航空時都是需要的人才會拿報紙，高麗航空則是親自發給旅客。我本來想要拿英文版與韓文版當作紀念，但報紙卻在我前一排就發完，而且也沒有繼續發報紙。為了能拿到報紙，我試著向空服員揮手，看見我的手勢的該名空服員面帶笑容走向我，這是我和北韓人的第一次接觸，正當我苦思該說英文還是韓文時，空服員問說：「How can I help you？」（需要

高麗航空機內3－3座位，或許因為椅子是紅色，充滿一股濃厚社會主義的氛圍。

身材高大的人坐下後大概會認為很不舒服。

幫忙嗎？）

「請給我韓文版的報紙。」

我邊說邊用手畫出四方形，空服員則一臉狐疑的表情回問說：「您是朝鮮人嗎？」

「不，我不是朝鮮人，我只是會說朝鮮話而已。」

我當下有點驚慌，空服員是在問我是北韓人嗎？但我還是否認了。空服員依舊用半信半疑的眼神看著我，並且表示會

拿報紙給我。當空服員一轉身，我便開始後悔，早知道應該說自己來自韓國，就這樣斬釘截鐵否認自己是朝鮮人，讓我覺得有些在意。

「朝鮮人又怎樣？韓國人又怎樣？反正我的觀光簽證上已經標示為朝鮮人，好吧，到了北韓就說自己是朝鮮人吧！我看見他們覺得很開心也覺得很新奇，所以他們應該不至於因為我來自韓國而對我產生反感吧？」

空服員很快地便面帶笑容將報紙遞給了我，那是《勞動報》，沒有使用首音法則（編按：韓語的一種特殊變音規則）的部分讓人覺得很有趣。坐在旁邊的莎拉（Sara）看見我說韓文和看韓文報紙覺得很新奇，莎拉也是澳洲人，但目前住在英國。

「Jae，妳會說韓文？」

「對，我從小在南韓長大。」

換成是其他國家的話，情況大概就不一樣了，與外國人一起去說韓文的國家旅行，總覺得自己可以稍微裝模作樣（？）一下。過了一會兒，空服員推著推車再次走出來，搭飛機旅行最重要的部分就在於飛機餐！我反而很期待能嘗試一下高麗航空那個惡名昭彰的飛機餐，終於輪到我體驗了！剛才那

以難吃聞名且惡名昭彰的高麗航空飛機餐。

名空服員使用韓文問說：

「請問您要喝什麼飲料呢？」

「請給我可樂！」

我本來不太喝可樂，但因為上面寫著「可可碳酸甜水」，所以我很想嘗試看看。名字本身就很直白，我心想北韓的可樂味道和南韓一樣嗎？接著便喝了一口。

「呃啊，這到底是什麼？」

味道就像是在添加砂糖的中藥裡加入碳酸一樣，讓人難以繼續喝下去，但漢堡的味道卻與想像中的截然不同，麵包柔軟且新鮮，特別是漢堡肉的味道很棒！雖然不清楚是雞肉還是豬肉，但稍微用油煎過，吃起來口感柔軟。可以確定味道不是牛肉！是雞肉嗎？應該不是狗肉吧？聽說北韓也會專門養狗來吃，就算說是混雜狗肉也不足為奇。儘管蔬菜只有添加一點萵苣和高麗菜，但味道並不差，大致上來說飛機餐

我覺得很滿意。

　　享受完飛機餐後，接著廣播說飛機即將降落，果然就和一般九十分鐘的飛行一樣，起飛後便提供飛機餐，享受完飛機餐過沒多久就降落，抵達目的地。聽完廣播後，我立刻填寫在飛機上領到的入境卡，入境卡上要填寫來北韓之前曾去旅遊的兩個國家與滯留時間，我來北韓之前去過北京和首爾，當下有點猶豫是否該寫下首爾的地址，北韓政府應該不會搜尋我家吧？因為一直苦思是否該寫下澳洲家的地址，讓我甚至一度覺得頭很痛。我詢問目前就讀於韓國大學的德國團員後發現，他老實寫下自己在首爾的居住地址，後來心想「算了！豁出去吧！」，便寫下滯留時間五年和首爾家的地址。於是我將命運託付給北朝鮮的同胞，飛機降落了，眼前開始出現穿著卡其色服裝的北韓人，我終於踏上北韓的土地了。

抵達平壤，窗戶外是平壤機場的景色。

第 2 章

這真的是北韓的「平壤」

您是朝鮮族嗎？
平壤順安國際機場

　　抵達平壤機場移民暨境管局了，排隊時我自然而然地就雙手合攏擺出謙恭的姿態，整個腦海只想著填寫在入境卡上的首爾家地址。

　　前面的人完成審查後，我便走到海關人員面前，我們互相都沒有向對方打招呼，戴著卡其色帽子的海關人員也沒看我，只有確認桌上的護照、觀光證和入境卡。那一天我的心臟有幾度都快停止了，空氣中瀰漫著一股寂靜，我不清楚為何對方會如此沉默，我的雙腿無力到很想就這樣坐在地上。若是發生任何差錯，我因此被拖走大概也沒有人會知道吧，突然很想母親，明明都已經那樣阻止我了，為何我卻執意要來北韓呢？又不是為了執行某個偉大的目標。我已經神智恍惚到分不清楚時間過了多久，就在此時，海關人員突然問說：

「請確認一下地址，是首爾哪裡呢？」

口氣竟然如此溫和？心情突然變得很微妙，我假裝鎮定且若無其事地回答：

「啊，是首爾市○○○。」

「地址的標記方法變更了嗎？本來不是○○○嗎？」

「對，沒錯！這是舊地址，我寫的是新地址。」

對方知道舊地址的標記方法！接著他問了職業欄上前公司的事情。

「啊，是嗎？首爾國際英文學校在哪裡呢？」

「在首爾，需要告知地址嗎？」

「啊，沒關係，已經可以了。」

他露出微笑遞出護照時，我才終於看見他的長相。

「天啊！不會吧？他長得好帥喔！」

我真的嚇了一跳，這個人屬於會讓人產生好感的美男子，我不自覺地笑到露出牙齒，不是有人說南男北女（南韓男性俊俏，北韓女性美麗的意思）嗎？但今天是南女北男。或許是因為放鬆的關係，完成審查後，我才終於能專心看清楚北韓機場的面貌，雖然整體比金浦機場小很多，但外觀乾淨俐落，心情莫名地變得很好，讓我一開始就此對北韓的印象改觀。

平壤機場充滿一股寂寥感。

　　我就像是來到金浦機場一樣帶著輕盈的腳步去找背包，或許是因為乘客不多的關係，行李很快就出來了。正當我開心地拖著行李準備走出去時，站在前方的北韓保安人員（警察）突然叫住了我，他說行李要再次通過X光安檢機，並且要確認我的護照與海關申報單。

　　「妳是朝鮮人嗎？」

「對！我從南朝鮮來的。」

審查人員頓時睜大雙眼，然後再次確認我的護照問說：「妳是朝鮮族嗎？」

「不，我不是朝鮮族，我來自南朝鮮的首爾。」

這次我回答的相當從容，接著審查人員笑著將護照還給我。

「啊，是嗎？我知道了，旅途愉快。」

或許是我自己放大了此一小小的親切，一個笑容讓我感覺就像是受到盛大歡迎一般，無謂的擔憂讓我徹夜難以入眠，因為緊張而讓氣氛顯得僵硬的情況也都像是很久以前的事情了。如果我因為害怕而沒有來北韓，大概一定會後悔吧，或許是因為不久前文在寅總統才剛來過的關係，讓氣氛顯得更加良好。

請稱我為同志
在平壤機場

通過所有關卡走到外面後發現，先出來的團員都聚集在一起聊天，在平壤見到對方後，頓時有種見到老朋友一般讓人覺得很開心。在我感受同伴愛且等待尚未出來的團員時，突然有兩名北韓人走過來對我說：「妳是在娟嗎？」

初次見面的人說出我的名字，讓我覺得有些不知所措，站在一旁的團員全都突然變安靜了。

「對，不過你怎麼會知道我的名字呢？」

「啊，我們是導遊。」

這次旅程同行的職員有從北京一起出發的旅行社導遊兩名（英國人）、當地導遊兩名以及當地司機一名。

「哈哈哈哈，原來是導遊呀，嚇了我一跳，很高興見到你們。」

「是，很高興見到妳，起初看見簽證申請書時，不管名字或是長相都像是朝鮮人，但國籍卻是澳洲人，因此我很好奇妳是否會說朝鮮話。」

他對於該怎麼稱呼我似乎很苦惱，我本以為會是叫我「鄭在娟小姐」，但聽說北韓不使用這一類的稱呼。北韓的稱呼分為同伴和同志，對年紀比自己小的人稱同伴，在比自己年長者的名字後面則要加上同志。舉例來說，親近些或較年幼就稱為在娟同伴，而年長且要表達尊敬時則是在娟同志，北韓導遊問我該怎麼稱呼會比較好。

「可以稱我為在娟小姐，也可以稱我為在娟同伴，你方便就好。」

「在南韓都是怎麼稱呼妳的呢？」

「嗯？在娟小姐？或者是也有人叫我鄭小姐。」

我話一說完，兩位導遊突然大笑了起來，後來我就變成了鄭小姐。看見我和導遊使用韓文交談的情景後，其他外國團員全都露出新奇的目光。

「Jae，妳會說韓文嗎？」

「對，我是在南韓出生長大的。」

「Oh my God！北韓之旅對妳來說一定很特別！之後若是有需要，就拜託妳幫我翻譯吧。」

沒想到這趟旅行會有需要我幫忙翻譯的時候，或許在北韓真的會發生那樣的情況，從現在起就來展開如同電影般的旅行吧！

鄭小姐，請問妳是富二代嗎？

前往平壤市區的觀光巴士

平壤之旅正式開始了，離開機場後，我們便搭上乾淨的大型觀光巴士，負責這次旅行的北韓旅行社是朝鮮國際旅行社，團員總共有二十五名，因此分兩輛車進行觀光。上車後導遊便開始說明，導遊簡單自我介紹，並且再次說明在北韓旅行時該遵守的規則，主要拍攝照片或影片的相關內容，其他事項則是其他國家也必須要遵守的基本禮儀。

巴士窗戶外是一望無際的冬天農田，路邊則有行走的人和騎乘自行車的人，偶爾則會出現拖著老舊牛車的人，乍看下像是來到南韓的鄉村，但偶爾會看見寫著「偉大的金正日將軍萬歲」的看板，讓我再次深刻感受到自己來到奶奶害怕的共產黨國家。

北韓當地導遊的英文實力讓我相當驚訝，詢問後才知道兩位導遊都是北韓觀光大學畢業的，剛才初次叫我「鄭小姐」的導遊走過來問是否能坐在我旁邊，大概是因爲我來自韓國，所以對我充滿好奇心吧。

　　「鄭小姐妳是富二代嗎？」

　　「嗯？怎麼可能呢？哈哈哈，我是下輩子想變成富二代的平民。」

　　「鄭小姐是在澳洲留學嗎？」

　　「對，我在那邊讀書，後來取得了國籍。」

　　「來這裡旅行需要多少錢呢？」

　　簽證和保險的錢不多，但旅費大約1400歐元（大約180萬韓幣），加上在北京待一晚的費用共是2000歐元（大約260萬韓幣）左右，我很老實地回答了對方。導遊只是靜靜地點頭回應，後來我才聽說韓國的一萬元在北韓足以購買一家四口一星期份的白飯和美味的肉湯。或許是因爲這樣，導遊知道我花那麼多錢來旅行後才會猜想我是不是富二代。

　　「一般南韓人薪水是多少呢？」

從機場前往平壤市區途中看見的農田。

　　已經正式採訪了嗎？開始煩惱該如何回答，雖然其實坦白說就行了。

　　「這個嘛，有些人賺很多，有些人則賺比較少。」

　　「那鄭小姐妳的薪水多少呢？」

　　我老實告訴對方自己的收入，並且附帶說這個數字不算多也不算少。他點頭回應後就再也沒有提出任何問題了，原本

北韓的主要交通工具是自行車。

在凹凸不平道路上奔馳的遊覽車慢慢減速，看來我們已經接近
平壤了，眼前開始出現高樓建築、汽車和電車等的景象。

這裡真的是北韓嗎？

平壤市區

「天啊！這裡真的是北韓嗎？」

眼前的景象讓我看到目瞪口呆，大家都不禁發出讚嘆聲，沒想到會有這麼多的高樓建築，和想像的完全不同。北韓何時變得如此進步了呢？雖然這是北韓特別付出心力開發的都市，但我頓時明白自己對北韓實在太一無所知了。我從未在電視上看過平壤這樣的面貌。

「鄭小姐，妳很驚訝嗎？」

導遊看見我不斷發出讚嘆聲後問說。

「對啊，我真的很驚訝，沒想到北韓會有這麼多的高樓建築。」

「南朝鮮人不清楚我們的生活狀況嗎？」

「對，因為新聞中只有報導政治相關的內容，我們不清楚當地人的實際生活狀況，特別是沒有看過北韓如此進步的

高樓建築聳立的黎明大街。

景象。」

　　「那沒有方法能知道關於我們的事情嗎？」

　　「對，不多，電視節目中會有脫北者談論北韓的生活，我們都是透過電視取得關於北韓的資訊。」

　　「脫北者不是只會說關於我們的負面資訊嗎？」

　　當導遊說出脫北者三個字後，我驚覺自己說出不該說的話，我不自覺中就說出在北韓最敏感的話題了。

「對，當然會談論艱困的北韓生活或是脫離北韓的過程，但更重要的是談論人的事情，像是愛情、戀愛、家人以及職場生活。不久前還有來自各個地方的人一起製作泡菜，若是沒有這一類的節目，我們大概就無法知道北韓人的生活狀況。」

看見導遊變得有些敏感的表情後，我便稍微解釋了一下。導遊點頭表示能理解，但笑容卻顯得有些尷尬。我叮嚀自己之後說話要謹慎一點才行，當然這同時也是為了我自己，因為我知道自己無法評論北韓人對脫北者抱持的觀點。

下車後第一個抵達的是金日成體育場，一九二六年建蓋的此一體育場是北韓第二大的戶外綜合體育場（最大的是五月一日體育場），據說此一體育場可同時進行足球等各式各樣的競賽。

二〇一七年四月，大韓民國女子足球代表隊拜訪北韓，據說那邊也是舉辦二〇一八AFC亞洲盃預賽的體育場，大約可容納十萬名觀眾，而且建築物中央

體育場入口周圍的運動選手銅像。

被稱為「北韓足球聖地」
的金日成體育場前。

掛有符合其名的金日成、金正日的大型照片。它的原名是牡丹
峰體育場，但後來為了慶祝與紀念金日成主席七十歲生日，便
改名為金日成體育場。

　　一直到昨天早上為止，我都還在首爾家裡的房間，沒想
到現在竟然已經在平壤了！

　　就在我體會這份感動與慢慢行走之際，另一組的北韓導
遊邊笑邊擺出大叔的姿勢對我說：

平壤凱旋門，據說是模仿巴黎凱旋門建蓋而成的。

「鄭小姐！不能獨自行動，這樣會惹上麻煩。」

「不能進入體育場嗎？」

「四月平壤舉辦馬拉松時再來吧，也會有許多觀光客前來參加。」

　　據說這座體育場每年四月都會舉辦平壤馬拉松大賽，因為屬於大型活動，任何觀光客都能參加，因為可以和北韓人民共創美好的回憶，也算是一種知名的旅遊行程。

白天參觀的金日成廣場。

　　平壤凱旋門位於距離體育場大約二百公尺左右的地方，是稱頌北韓金日成主席的獨立運動成就的建築物，配合主席七十歲生日於一九八二年建立而成。

　　兩邊的柱子刻印有數字一九二五和一九四五，一九二五代表金日成主席爲了獨立運動而離家的年度，一九四五則是代表祖國獨立的年度。

　　導遊說下一個行程是簡單逛一下平壤市區，當時太陽已經漸漸西下，搭乘遊覽車的我們在勝利街金日成廣場前下

中間的建築物是北韓最大圖書館 —— 人民大學習堂。

車，在這邊可以看見韓半島第五大河 —— 大同江，這裡有高句麗時期的木橋遺跡。河流的另一端佇立著主體思想塔，雖然我很好奇那座塔所代表的意義，但聽見導遊說白天會再來一次，就暫時先忍住心中的疑問。我們吹著涼爽的夜風走向位於廣場內側的人民大學習堂，燈火明亮的人民大學習堂就足以吸引我們的目光，它是北韓規模最大的圖書館，同時也是綜合文化設施，保管古書、外文書、童書等所有種類的書籍。當時有一名澳洲團員問導遊說：

「在北韓可以自由閱讀一般書籍嗎？」

　　他所謂的「一般書籍」聽起來像是包含反對北韓思想的所有書籍，或許北韓導遊也是這麼認為，所以猶豫了一下才回答說：「我們也會讀所有的書籍，也會看電子書。」

　　學習堂建築物前方有非常寬敞的金日成廣場，這一定就是新聞中最常看見舉行閱兵儀式的地方，這是一座全世界第十六大的廣場，據說會舉辦慶典、集會、軍事遊行等許多的活動。以韓國來說就和光化門廣場一樣，是代表北韓的重要場所。左邊建築物上掛有朝鮮勞動黨的黨旗，右邊建築物則掛有朝鮮民主主義共和國的國旗，天色已經完全變黑了，或許是因為在北方的關係，在觀光的過程中我一直冷到發抖，這是在第一天旅程中讓我印象最深刻的一個地方。

我們不是兄弟嗎？

平壤夜晚的街道

　　「各位，在享受晚餐之前要不要在平壤夜晚的街道上散步一下呢？」

　　導遊大聲對我們說。竟然在平壤夜晚的街道上散步？聽見能去非觀光地的一般街道時大家再次打起了精神，並且立刻拿出手機或相機開始向前移動。雖然吹了很多風且處於飢餓狀態，但我同樣也因為能近距離看見北韓人而感到非常愉快，當我們離開金日成廣場後，開始看見下班的平壤市民。

　　那是我第一次看見北韓的便利商店，只有招牌「景林綜合便利」呈現亮燈的狀態，內部則是一片漆黑，我當然就認為是已經關門了，但後來發現似乎有兩個人站在裡面，於是我便問導

平壤街頭的便利商店。

最頂端燃燒著熊熊烈火的主體
思想塔。

遊說便利商店是否有營業，導遊一副理所當然的表情回答說：「有！」

還有一件事比關燈做生意的便利商店更詭異，那就是北韓人對於我們的存在似乎漠不關心，明明一群外國觀光客在注視著自己且不斷地拍照，但卻沒有人露出厭惡的表情。不對，反而有一種把我們當作透明人的感覺，或許是因為太多外國人來觀光的關係，但難道只有我認為北韓人在刻意避開我們的視線嗎？

我前面有一個老奶奶牽著孫女在走路，孫女對奶奶竊竊私語，我完全聽不到內容。她明明在說韓文，但為何我卻無法將單字拼湊成句子呢？以前學生曾哭著對我說：「老師，我的英文聽力測驗考差了！」現在的我終於能體會學生當時的心情了。即使如此能和北韓人走在一起讓我覺得很開心，基於想要更進一步和北韓人交談，於是我刻意拉近了和他們之間的距離，小朋友偷瞄了我一下就躲在老奶奶旁邊。

「鄭小姐，心情怎麼樣呢？」

聽見別人呼喊我名字時，我嚇了一跳轉頭看旁邊，這裡的導遊又不是洪吉童，到底是從哪突然冒出來的呢？看來導遊早已看穿我想和北韓人民交談的想法了。

「心情嗎？我覺得很新奇，我完全聽不懂那個小朋友和奶奶的交談內容，我本來以為和我們國家的語言一樣，但事實上有很多相異之處。」

聽見我的回答後，導遊露出了苦笑，這樣的說法就像是刻意區分我們是使用相同語言的南北韓一樣，事後我覺得相當在意。

「哈哈，幹嘛分什麼你的還是我的國家呢？南朝鮮和北朝鮮又是什麼呢？我們不是兄弟嗎？」

「啊，沒錯！」

「妳就說自己來自首爾就好了，我會說我來自平壤。」

聽完導遊的話後，我頓時覺得鼻酸，但幸虧我沒流下淚水。

當然要先吃吃看北韓泡菜呀

在平壤體驗的第一間餐廳

　　在平壤享受的第一餐是在一棟一樓有紀念品店，二樓則是餐廳的建築物內。餐廳裡的桌上早已擺放好小菜、大同江啤酒、平壤燒酒，雖然團員中有朋友或家人一起來的組合，但也有許多人是和我一樣獨自參加，並沒有排定座位，只要先就座就行了。餐廳在不知不覺中就已經擠滿了人。

　　雖然我們對彼此都還不了解，但人類只要感到飢餓與疲倦時就會變得比較沉默，幾乎沒有人開口說話，大家或許是餓了，全都忙著吃早已準備好的餅乾與飲料，在白飯端上來之前就已經有人要求多給一些醃蘿蔔泡菜。主餐石鍋拌飯很快地就送上來，看見飯上面的豆芽菜後讓我嚇了一跳，豆芽菜的頭大到就和豆飯沒兩樣，比較特別的是石鍋裡會添加一點水攪拌後食用。

我嘗試吃了一口較濕潤的拌飯，我個人還是比較喜歡韓國的拌飯。最令人期待的菜餚當然就是韓國人的靈魂食物 ── 泡菜！北韓泡菜的味道也和韓國泡菜一樣嗎？從視覺上來看時總覺得調味還不夠的樣子。

　　「天啊，好清淡和清爽的味道！」

　　但品嚐後發現味道一點都不清淡，就和魚醬量太少的首爾泡菜差不多，清脆具嚼勁的醃蘿蔔也非常美味，我也不清楚自己續點了多少次醃蘿蔔。我也喝了一杯餐廳親自製作的米酒，醃蘿蔔搭配米酒真的是夢幻組合。

　　涼拌菜同樣也有點清淡，但完全沒有調味料的味道，非常合我的胃口。不管是涼拌菠菜或是涼拌豆芽菜全都是呈現食材的原味，湯也和南韓的湯或鍋湯幾乎一樣。雖然視覺上沒有像辣牛肉湯或牛薄片大醬湯一樣豐富，但味道卻和奶奶使用味噌、豆腐、香菇等食材製成的味噌湯一樣。但在這美味的餐桌上卻有一點令人感到遺憾，那就是「白飯」！白飯完全沒有潤澤可言，整體顯得相當鬆軟，無論是從味道或是營養價值層面來看都是韓國略勝一籌。導遊也問我說南韓的米應該更棒不是嗎？老實說，我也是一直到今天才知道韓國的米飯更美味。

在北韓吃的第一餐，一整盤續點的醃蘿蔔。

主餐石鍋拌飯。

　　大致上吃完後正巧服務生經過我身旁，於是我便問：「請問廁所在哪裡呢？」在一群外國人當中突然有人使用韓文和自己交談，想必對方一定相當訝異吧？服務生一臉狐疑的表情且靜靜地盯著我看。接著我先向對方表明說：「我是南朝鮮人！」對方才恍然大悟般用手遮住嘴巴且笑著說：「哦！」但他似乎沒聽懂我的問題。後來旁邊的導遊代替他回答說在一樓，後來我才知道北韓都把廁所稱為「衛生室」，面紙則稱為「衛生紙」。

　　打開寫著「女子」的門後最先看見的是裝滿水的紅色塑膠桶和勺子，那是坐式廁所，因為沒有另外排水的閥，必須使

用勺子沖水。

　　雖然是新型洗手槽，但卻沒有肥皂，突然腦海中浮現一個疑問：「外國團員會知道勺子的用途嗎？」我認為他們大概會感到不知所措吧。

　　基於好奇一樓紀念品店販售哪些物品，我便去了一趟，當我走到店前時門就自動開啟了，因為店內很暗，我本以為沒有營業，但後來發現其實有店員在裡面。

　　「歡迎光臨！」

　　「您好，可以稍微看一下嗎？」

　　店員露出僵硬的表情後便立刻走向其他店員所在的地方，他似乎是走過去和其他店員交談，正巧導遊吃飽走進來，我對導遊說：「店裡太暗了，我本來以為沒有營業。」或許是認為我的反應很有趣，導遊笑著說：「不過還是看得見物品不是嗎？」導遊說得沒錯，剛才的便利商店也是如此，大概是北韓的電力供給不夠充足，晚上有許多地方都是在盡可能節省電力的情況下做生意，而北韓人似乎也早已習以為常了。

燈光明亮的平壤夜晚的街道。

酸乳就是酸乳呀，喝喝看

西山飯店

吃完飯後已經超過九點，匆匆忙忙上遊覽車後便前往我們接下來三天要住的西山飯店，西山飯店是四星級的三十層樓飯店，在漆黑的夜晚下車吸到冷空氣後，有種彷彿來到慶州參加畢業旅行的感覺。分配到兩人房後，我就去飯店入口處的清涼飲料店買水，那是一個和韓國連鎖便利超商一樣的地方。

「您好，請給我一瓶水。」

「一瓶嗎？」

這裡的店員就算聽見韓文也不會驚訝，為了順便買個零食，於是便看了一下旁邊的冰箱，看到冰箱後又再次讓我大開了眼界。我在某個商品上看見「雞卵」兩個字，沒錯！北韓將雞蛋稱為雞卵，老實說這麼直白的名字讓人實在很難不愛上它，還有另外一個很新奇的名字，「酸乳」到底是什麼呢？既然是乳，應該是牛奶吧？於是我便問了店員。

北韓的零食。

「酸乳是什麼呢？」

「嗯？酸乳就是酸乳呀，妳不知道酸乳嗎？味道非常棒，請一定要試試看。」

店員說得沒錯，沒有嘗試過根本就無法體會其中的奧妙，於是就買了一個。我當場就插上一根吸管小心翼翼吸了一口，原來是優沛蕾！那麼酸乳大概就是散發酸味的牛乳的簡稱吧？味道和挖來吃的優格一樣。我還嘗試吃了一個名為「雞肉味炸物」的餅乾，很可惜的是，那個餅乾完全感受不到雞肉的味道。它似乎完全沒有添加鹽巴和調味料，第一次有餅乾讓我覺得吃了會變健康，喜歡餅乾味道微鹹的人說不定會認為很難吃。

因為看見化妝品店，於是我便去逛了一下，不僅有販售乳液、面膜、彩妝用品，可以說是應有盡有。面膜被稱為美顏膜、保濕是肌理水、乳液是水霜、營養霜則稱為夜霜。

化妝品店展示的化妝品。

北韓女性似乎對美白相當費心思，美白產品的種類非常多，主要原料是開城人蔘。我買了兩盒十入的美顏膜，一盒是人民幣一百元，韓幣則是一萬八千左右，以北韓的物價來說算很貴，我對店員說：「很貴耶？」但對方似乎聽不懂我的意思。

回到房間後發現德國室友不見了，洗過熱水澡後我便躲進使用熨斗燙得相當平整的棉被裡，還敷上剛買的美顏膜，打開電視後出現CNN新聞。我將棉被蓋到頸部且仰望著天花板，真不敢相信我已經來到平壤且躺在平壤飯店的床上！我再次感謝澳洲的護照。房間的溫度似乎稍微升高了，於是我走向陽台稍微打開門，穿著睡衣搭配羊毛衫不會覺得太冷。外面顯得非常寂靜，平壤的夜風不斷地吹來，北韓是什麼樣的國家呢？北韓人平常都在想些什麼？又過著什麼樣的生活呢？

西山飯店在平壤屬於高級飯店

七十年間沒見面的彼此會變得多麼不一樣呢？這是一個充滿感性的夜晚，倘若韓國人也可以來平壤旅行，說不定兩個國家就會比想像中更快進行統一。

　　「這裡的人並不是只吃玉米粥而已。」

　　明天要去我最期待的開城，五年前我曾在韓國造訪共同警備區，看著分裂的祖國時讓我不禁覺得百感交集，這同時也是一個深具意義的經驗。我一邊看著當時凝視著我們國家方向的北韓軍人，一邊也很好奇那邊的人過著什麼樣的生活，很快地我就能從北韓遙望南韓了。從北方遙望南方會是什麼樣的感覺呢？有一種很微妙的心情，為了迎接明天的到來，我決定要早一點睡覺。

第 3 章

前往吶喊統一的開城

早安，平壤！
西山飯店

　　睜開眼睛時已經是清晨，明明睡了覺但疲倦感似乎沒有消除。我在早餐時段前往二樓的餐廳，當時整個二樓瀰漫著米飯的味道，就算我閉上眼睛大概也能找到餐廳的位置。餐廳擠滿了中國旅客和忙碌的服務生。由於前一天太晚才吃晚餐，所以我沒有什麼胃口，基於參觀的心情，我便放慢腳步繞了一下。早餐有準備泡菜、湯、拌菜等各種配菜的韓式自助餐，我認為應該詢問歐洲人是否要吃吐司配果醬吧，我自己倒是無所謂。

　　第二天先去開城板門店，在參觀完高麗博物館後順便繞去沙里院，然後再次回到平壤。雖然大家都知道開城是高麗的首都，但更重要的它是韓半島的非軍事區，以南北韓非軍事區所在的位置聞名。

　　DMZ是Demilitarized Zone的縮寫，意指在南北韓領土上以軍事分界線為中心各自延伸二公里的非武裝、非戰鬥區域。造訪板門店是我這次參加北韓之旅的理由之一。

　　國小時我曾參觀過統一展望台，因為想看看在遙遠另一端的北韓的面貌，於是便投入幾百塊硬幣和朋友們輪流使用了望遠鏡，我們看見北韓的土地上有人拉著推車，感覺只要呼喚對方，對方就會回應的樣子，便揮手大聲吶喊，結果就這樣被

老師修理了一頓，當時我甚至生氣到忍不住落下淚水。

　　成年回到韓國後，我最先做的事情就是拜訪DMZ和共同警備區，共同警備區（以下稱為JSA）是南北韓共同警備的區域，建立在南北軍事分界線的軍事停戰會議室周圍都稱為共同警備區。由於韓國人要拜訪JSA並不容易，因此需要澳洲的護照，當時我真的也很緊張。

　　前往JSA時當然也該遵守嚴格的規定，特別是位於南北韓中間的會議室更是如此，停戰會議室前後各有一扇門，一邊是通往南韓的門，另一邊則是通往北韓。我記得當時因為開門後只要踏出一步就是北韓的領地，每一個動作都必須非常小心翼翼而顯得戒慎恐懼。

南韓不是自由民主主義嗎？

前往開城的路上

　　開城是位於北韓黃海北道南邊的都市，它位於南韓的北邊和北韓的南邊，讓人覺得格外有趣。平壤到開城需要兩個多小時的車程，途中我們有去參觀「祖國統一三大憲章紀念塔」，這座紀念塔的外觀是兩名穿著韓服的女性面對面舉起刻印有三大憲章的韓半島地圖，兩名女子分別代表南與北，三大憲章則是指金日成主席的統一遺訓，其中的統一三大原則是我們也很熟悉的7・4南北共同聲明的自主、和平統一與民族大團結。內容是須以自主與和平的方式統一，超越思想與理念往達成民族和諧的方向邁進，由於當時是平日上午，觀光地周圍除了我們這一團沒有其他人。

　　「鄭小姐，我幫妳拍照，請站在塔的前面。」

「祖國統一三大憲章紀念塔」中蘊含的統一意義應該也包含韓國吧。

　　導遊邊伸手跟我要相機邊說，雖然我並不想拍，但還是走向他指的方向再次擺出雙手併攏的恭敬姿勢，短暫參觀十五分鐘左右後就再次上車。當地的導遊果然還是坐在我旁邊，看來已經到了第二次專訪的時間，在北韓都稱導遊為解說員同志，同志這個單字讓我覺得有些不自然，於是我決定稱他為經理人。

　　「鄭小姐，妳是怎麼去澳大利亞留學的呢？」

　　在北韓要說澳大利亞，如果說澳洲他們聽不懂，我決定盡可能簡要回答就好了。

　　「就讀澳大利亞的學校就能取得那個國家的學生簽證，我是使用學生簽證入境的。」

「很多南朝鮮的學生都會出國讀書嗎？」

「對，算是吧！除了留學以外，也有打工遊學的簽證。」

經理人似乎不懂打工遊學的意思，但也沒有提出疑問，我也沒有繼續說明。

「像鄭小姐這樣留學後以其他國籍回到韓國也不會有任何問題嗎？」

「問題？完全不會有問題！大韓民國不是自由民主主義國家嗎？」

語畢我驚覺自己又說錯話了，竟然在社會主義國家談論自由民主主義！聽見我的話後，經理人露出一臉空虛的笑容。

在前往開城的途中，還有另外一名年輕的男性導遊站在遊覽車內側進行各種解說，該名導遊看起來比我小三、四歲，今天早上在飯店大廳遇見我時主動走過來叫了我一聲「姊姊」，大概是本人也覺得很尷尬吧，他頓時露出一臉害羞的表情，因為實在太可愛，連我也忍不住跟著一起笑了起來。他以有趣的方式說明了開城、DMZ，甚至是高麗的歷史，不過只有我聽得津津有味嗎？因為一早就在聽歷史課，遊

覽車上的人幾乎都呈現睡眠狀態，不管是歷史課或是風景我都不想錯過，因此我很認真聽導遊介紹，也很專注欣賞窗外的景色。

當然也有談到拜訪板門店時須遵守的事項，最重要的規則就是絕對不准拍攝軍人。開城有許多檢哨站，每次經過時導遊都會使用手勢傳達信號，意思是叫我們不要拍照。經過某些地方時也會有軍人搭短程的車，若是偷拍軍人的相片會怎麼樣呢？運氣好沒收相機，運氣差就會被取消行程，最糟糕的情況是旅客的不當行為會連累到當地的導遊。北韓的規則就是法令，導遊在講解DMZ歷史時還附加了統一的相關內容，他看著我說南北韓是同一個民族，希望總有一天能夠統一，那個表情是只有我能理解且無法用一句話形容的複雜情感。這次的旅行讓我深刻明白就算沒有說話，透過眼神的交流也能和其他人溝通。

我們是一體
開城的休息站

移動一個小時左右抵達了第一個休息站，休息站的規模比我們國家的小，撇除廁所的部分，就只有幾處販售咖啡或餅乾的地方而已。離開平壤看見開城人時有種遇見不一樣的北韓人（？）的心情，內心頓時感到澎湃不已。

我見到的平壤人大致上都穿著不錯的衣服，雖然也有拖著老舊牛車的人，相反地，在路上見到的開城人彷彿就像是老舊相簿中的主角來到現實世界一般，也很像是我們國家數十年前的景象，或許有人會說是土裡土氣或是落後，但對我來說則是充滿復古的感性。

在逛休息站的時候，我發現有一名大概是高中女生在販售物品，她的木板販售架上擺了好幾包糖果，因為我覺得很新鮮，所以就拍了照片，但她卻嚇了一跳且激動地用手擺出X字說：「NO！」沒想到她的反應會如此激烈，於是我便上前讓

觀光客正在觀看販售架上的物品。

她確認我已經刪除照片，同時對她說：「照片已經刪除了，對不起。」她只是面無表情地看著我，就和其他北韓人看我時露出的表情一樣。

「這是什麼口味的糖果呢？」

我因為愧疚想向她買糖果，然後就指著糖果問。

「這是花生糖，味道非常棒。」

「旁邊的糖果是什麼口味呢？」

「啊，那是人蔘口味的糖果，不僅對健康有益，味道也非常棒。」

「是北朝鮮人喜歡吃的糖果嗎？」

「全都很好吃，但花生糖的味道最棒了！」

對方輪流看了兩種糖果後推薦了其中的花生糖，大概是察覺到我來自南朝鮮，交談過程中對方顯得相當開朗，隔壁的販售架則擺了一些和這裡的景色完全不搭的新食品。

　　「我眼前的是穀物餅乾嗎？」

　　沒想到北韓也有穀物餅乾，名字是深具復古風的「玉米餅」，一看就知道是使用玉米粉製成的環狀餅乾，在一旁的團員輕聲細語說：「Jae，最後一天會去逛購物中心，不要在這裡買太多東西，這裡應該賣比較貴！」。

　　其他團員絕對不會明白我和平壤，以及其他地區的北韓人交談是一件多麼令人內心澎湃的事情，也不會了解受過反共教育的父母親養大的韓國人能親自來到北韓是多麼困難的一件事。最後我還是買了玉米餅乾和寫著「See you again in Pyongyang」的布製提包，「平壤再見」比任何一句話都更能觸及我的內心。

　　大概又搭車過了一個小時吧？

2018南北高峰會紀念郵票。

　　抵達第二個休息站後發現和剛才完全不一樣，這個地方沒有攤販且非常安靜，不過有一個販售郵票的集郵社，在這裡購買郵票和明信片填寫好內容，店員就會幫忙寄送到世界各個國家。這似乎會是一個非常特殊的經驗，當團員們都爭先恐後忙著要寄送明信片時，我只是靜靜地觀賞郵票而已，就在此時經理人走過來說：「沒辦法寄送到南朝鮮，妳覺得有些難過嗎？」接著他便問店員：「這位是來自南朝鮮的客人，這裡有沒有比較特殊的郵票呢？」店員思考了一下後回答說：「啊！有南朝鮮總統來訪時發售的紀念郵票！」接著店員將A4大小的郵票遞給我，那似乎是賣場尚未陳列的郵票冊。

翻開藍色封面的郵票後看見上面寫著「第三屆南北領導人相逢與會談，於一○七（二○一八）年四月二十七日板門店（和平之家）進行，通過為了朝鮮半島和平、繁榮與統一的板門店宣言」。還有紀念植樹、標幟石，以及紀念會談的韓半島地圖形狀的郵票，最後一頁還有歌曲《我們是一體》的樂譜。

　　「我們是同一個民族，我們是同一個血緣，這塊土地是一體的，畫分為二就會無法生存，長久歲月以來都使用淚水清洗傷痛，統一的喜悅掀起波滔令人內心澎湃，我們是一體，炙熱的血肉之情是一體的。」

　　光從歌詞就能深刻感受到分裂的悲痛歷史，以及對於統一的殷切期待。

南與北的相遇，今天就暫時統一吧

北韓板門店

　　遊覽車停在抵達板門店前的最後一個哨口，這裡除了牆壁上貼的海報以外禁止拍攝任何照片，其他團員大概無法輕易理解海報上的內容，我個人卻覺得很新奇和有趣。在北韓到處都能輕易見到蘊含社會主義精神的紅色文字口號，平壤主要是讚揚領導者的口號，板門店附近則到處都有期望統一的相關口號，就像是我們國家選舉期間貼在各地方的公約一樣。

　　遊覽車繼續行駛一段時間後終於抵達板門店，雖然有很多軍人，但觀光客更多，我猜大概超過一百個人吧。進入板門店後就能拍照，當然依舊無法拍攝軍人，當我們的團員聚集在板門店入口時便有一名軍人走過來。

　　當該名軍人走到我們面前時和我對視了一會兒，接著便對站在一旁的導遊說：「我本來以為只有歐洲人來而已，原來還有東方臉孔。」

到處都貼有期望統一的海報。

　　這是北韓軍人說的第一句話，接著他指著站在最前一排的澳洲人、中國情侶問說是從哪裡來的，然後便將目光轉移到我身上，於是我便大聲回答：「我是朝鮮人！」對方的反應完全出乎我的意料之外。

　　「哦，是嗎？哈哈哈，原來是我們的同胞？歡迎妳的到來，見到妳很開心。」

　　這時，所有觀光客的目光全都集中在我身上，因為他表示要握手，於是我不自覺就伸出了手。這大概就是所謂的血濃於水吧！這次的握手讓我深受感動且忍不住落淚，沒想到他們

停戰協定簽署地紀念碑。

會如此歡迎我，先前我還一直感到害怕與擔憂，眼前的情景實在讓人難以置信。

我們先去參觀展示室外的停戰協定簽署地紀念碑，紀念碑上面寫著「一九五〇年六月二十五日於朝鮮引發侵略戰爭的美帝國主義者於英雄朝鮮人民面前跪下，一九五三年七月二十七日於此處簽訂停戰協定」。

我們跟著軍人進入展示停戰協定書的展示室，這裡保存

停戰協定內容記錄簿。　　　　　　　　停戰協定當時在這張桌上，協定書上簽有各
　　　　　　　　　　　　　　　　　　　國領導人的名字。

有南北韓停戰協定書的正本。

　　穿越停戰協定展示室後終於來到我真正的目的地 ── 板
門店，我來到五年前拜訪JSA時北韓軍人站著的位置，而且我
在這裡凝視著南韓，本以為來到這裡會有許多感觸，但真正來
到後腦袋卻一片空白。

　　「站在這裡遙望南朝鮮有什麼感想呢？」

　　和我們一起行動的北韓軍人對注視著南韓板門店的我問
到，「距離好近，慢慢走只要兩分鐘就能抵達那棟建築物的入
口。」

從北韓看見的板門店的面貌。

「對，很近，妳有看見那邊的樹木嗎？」

他指的是文在寅總統與金正恩委員長一起種植的樹木，站在能看見那棵樹的位置和北韓軍人一起觀看韓國時的心情真的很奇妙。後來為了紀念自己曾來到這裡，我便和北韓

以紀念樹為背景和北韓軍人合照。

軍人一起拍照，周圍的觀光客看見我們兩個握著彼此的手時都紛紛開始拍照。今天有一種南北韓暫時統一的感覺，步行五分鐘的距離花了超過七小時的時間才抵達，但最後能站在這個地方讓我覺得非常開心。

北韓的板門閣其內部和外觀不一樣，使用瀰漫灰色光澤的高級大理石裝飾，而且設置有能讓人坐下休息的皮革沙發和桌子。和我一起拍照的軍人跟我交談了很多事情，而且還問我這段旅程的感想、食物是否合胃口，以及我的年紀和職業等各種問題。職業似乎是北韓人最感興趣的，後來他問我是不是就要回南朝鮮了，我則回答是。

他接著說：「統一後我們再見吧！我的名字是○○○，請別忘記我。」

這句話莫名的讓我覺得很感動。

參觀DMZ的時間不到一個小時，結束參觀後我們一如往常前往紀念品店，因為觀光客實在太多了，整個紀念品店顯得相當喧鬧吵雜。我參觀了一下發現有販售開城高麗人蔘茶，於是便買了兩盒三十入的人蔘茶，後來我才知道自己被坑了，原本一盒十歐元的人蔘茶我卻以三十歐元（大約四萬韓幣）購買。

就算是同胞也不代表不會被坑，因為實在越想越氣，我搭乘遊覽車時不斷地向年輕導遊抱怨自己的怒氣，起初他露出一臉遺憾的表情，後來他笑著對我說：

「那是對身體有益處的東西，就當作是自己買了品質更好的產品吧！高麗人蔘不是很有名嗎？有人說東西買得越貴效果就會越好，外國人的收入不是都很高嗎？為何要嫌貴呢？」

聽到這番話後我也沒辦法繼續抱怨了，怒氣頓時也全都消失不見。我試著安慰自己說：「好，算了吧！只要喝完人蔘茶能變健康就好了！」

古代君王享用的食物
開城的餐廳

　　結束板門店的行程時已經是午餐時間了，我在旅程中一直都很期待用餐時間，將生長於北韓的健康食材誠心誠意製成料理後裝入碗盤中，我非常期待能享受這樣的料理。有人說食物蘊含那個國家的歷史，無法享受當地的食物要如何說自己認識那個國家呢？

　　聽說今天會去市區享受相當特別的午餐，開城市區雖然沒有高樓建築，但居民看起來和平壤人一樣都很忙碌。因為路上的車輛很多，遊覽車呈現緩速行進的狀態，所以我也會和路過的行人四目相接。偶爾也會有小朋友向我們揮手，我們也很開心地揮手回應，直到現在我才終於感受到一般居民的人情味了。

　　就在即將抵達餐廳之際，導遊拿起麥克風說：

開城街道，居民正往某個地方移動當中。

「要吃狗肉湯的人請舉手，價格是五歐元，必須提前訂餐。」慢著，剛才說的特殊餐點該不會是指狗肉湯吧？我早聽說過北韓人也很愛吃狗肉湯，這就是街上看不見狗的原因嗎？仔細想想，來到北韓後，我完全沒看到流浪狗或流浪貓，我再次確認護照夾中早已皺巴巴的行程表，開城的餐點部分是寫著「古王享用的食物」，就在我質疑這句話的真實性時，已經抵達餐廳了。

建築物寫著「高麗人蔘專賣店」，一樓是販售使用人蔘製成的茶、切餅、羊羹、餅乾類等的店面，二樓則是餐廳，雖然團員都先去逛人蔘專賣店，但我直接去餐廳，因我已經沒有

開心迎接我們到來的服務員。

勇氣再去確認人蔘茶的價格。

一名穿著漂亮韓服的服務生面帶笑容迎接我，餐桌上的東西讓人不得不感到訝異，因為桌上擺放有十二種令人口水直流的菜餚，而且黃銅器具都排列得相當整齊。我曾聽說如果將菜餚放置在黃銅器具中就能保存得更久。

開始用餐時，我便拿起湯匙與筷子，餐具的沉重感讓人頓時有種真的變成國王的感覺。坐我隔壁的是一名素食者，他目前對食物似乎都沒有任何不滿，看見他熟練地使用海苔包飯吃的模樣讓我覺得更加滿足。這趟北韓之旅會另外幫素食者準備餐點，主要餐點是豆腐、香菇、茄子等蔬菜料理，配菜有涼拌蘿蔔、燉馬鈴薯、烤馬鈴薯、炒鯷魚等的味道都和南韓差不多，特別是馬鈴薯很柔軟和香甜，味道真的很棒！因為幾乎沒有使用調味料和濃郁的醬料，乍看下味道似乎很清淡，但很特

整齊準備好的十二種配菜讓大家相當訝異。

別的是，隨著不斷的咀嚼就會慢慢散發一股甜味。那似乎不是砂糖的甜味，而是蘿蔔、蓮藕、野菜本身散發的天然甜味。每個人也都有一杯平壤燒酒，我本來不太喝燒酒，但今天我想要品嚐一下味道，於是我一口氣喝光了酒杯中的燒酒。

「天啊，這根本就是醫院消毒藥水的味道！」

我立刻將醃蘿蔔塞入嘴巴，味道實在太嗆了，酒精濃度二十五度，那就和韓國的眞露燒酒一樣烈。過一會兒，服務生端上了米飯和清澈的肉湯，湯的味道和我們一般祭祀時準備的

湯差不多，點狗肉湯的人會另外給湯，從外觀看起來就算說是辣牛肉解酒湯我也相信，隔壁的團員舉起拇指說很好吃，雖然我不吃狗肉，但也沒有想要責備食用狗肉者的意思。

更重要的是，配菜中最吸引我的就是「海苔」，北韓的海苔與韓國的有點不太一樣，剛開始我很排斥，因為吃起來就像是炸海苔一樣，但後來卻越吃越讓人上癮，而且那股味道讓人覺得很感動。北方的海苔明顯比較厚，添加鹽巴後呈現酥脆微鹹的口感，而且紫蘇油的味道很濃郁。聽說外國人來韓國都會購買海苔，但北韓的海苔也很美味，這也是住在韓國的我之所以會在北韓買海苔的理由。

用完餐後我就到外面吹涼爽的風，北韓之旅比其他國家的跟團旅遊更需要消化龐大的行程時間，吃完飯沒辦法去外面散步，也沒有個人的自由時間，就算眼前有商店也無法隨心所欲進出，也沒辦法自己去尋找美食餐廳悠哉地享受美食。所有的行程都很緊湊，也因為這樣，遊覽車在移動時車內都很安靜。

如果有北韓居民的熱門場所？

高麗博物館與沙里院

　　飯後的下一個行程是去開城市的高麗博物館，據說該博物館展示的高麗時代遺物大約有一千多件，但規模卻沒想像中那麼大。雖然說是博物館，但卻有種來到鍾路雲峴宮的感覺，參觀博物館並沒有花費太多的時間。拍幾張照片後我就出來了，正巧遇到穿著華麗韓服的新娘與新郎在拍婚紗照，聽說因為背景有寬敞的庭園和充滿古風的韓屋，所以這個地方就變成了熱門的拍攝景點。

　　下一站是沙里院，在南韓有一間知名的烤肉店名字是沙里院，沙里院的風景優美且值得一看的東西相當多，所以我對它充滿期待，只要視為是韓國的慶州就行了。隨著遊覽車慢慢進入社區入口，穿著深藍色制服且脖子戴著紅色圍巾的孩子們面帶笑容揮手的模樣映入眼簾，大概已經是放學時間了吧。看見沙里院的景色後，我心中不禁發出讚嘆且吶喊著：「就是這

幽靜的高麗博物館的全景。

個地方！」下車後我又再次有種走進奶奶的老舊相簿中的感覺，小時候看著黑白照片時我曾有過這樣的想法。

「以前的人在一片漆黑的地方要怎麼生活呢？衣服和房子也都是黑漆漆。」

現在那張黑白照著上色彩後出現在我的眼前，在蔚藍的冬季天空下，我看見了穿著暗色外套行走的大叔，以及頭髮梳往側邊且使用黑色髮飾的女學生，發出聲響的小型耕耘機後方堆滿了稻草捆，上面坐著年約十二歲的小男孩，顯得有些土里

因為是熱門景點，來往的人潮相當多。　　民俗文化區內部的結婚服裝。

土氣的黑皮膚、非常短的髮型以及暗色系的外套，看見他笑時
露出的白皙牙齒讓我突然想起叔叔小時候的模樣，這一切的景
象讓我的情緒變得非常興奮。

　　沙里院市區以美麗的自然景觀聞名，是北韓的名勝地，
景岩山巍峨聳立，位於山麓的景岩湖周邊有古蹟都保存的相當
完善的民俗街，當中的「民俗文化區」是北韓人常去的熱門景
點。進入民俗文化區後，牆壁上依照年代畫有廣開土大王王
陵、瞻星台等歷史相關的馬賽克壁畫，聽說這個地方不只有藝
術表演等各式各樣的活動，也會當作舉辦婚禮的結婚場地，或

民俗文化區的米酒，
使用葫蘆勺裝酒。

許是因為這樣，那邊也設置有古代傳統結婚服飾的模型。

另外，民俗文化區有一對親自製作米酒販售的老夫妻，聽說那是只有這裡才會製作的米酒，為了迎接此一美麗的作品，我拿出五元人民幣帶著虔誠的心排隊。就在此時導遊突然說：「鄭小姐，過來這！」並且抓住我的手臂帶我走向老爺爺。

「這位是從南朝鮮來的，她是來觀光的。」

「您好，我是鄭在娟，我來自南朝鮮。」

我慌慌張張地打了招呼，但老先生的耳朵有點重聽，於是我再次大聲說：「我來自首爾！」老先生再次看了我一眼且說：「天啊，很高興能見到妳！」那天喝到的米酒是我這輩子

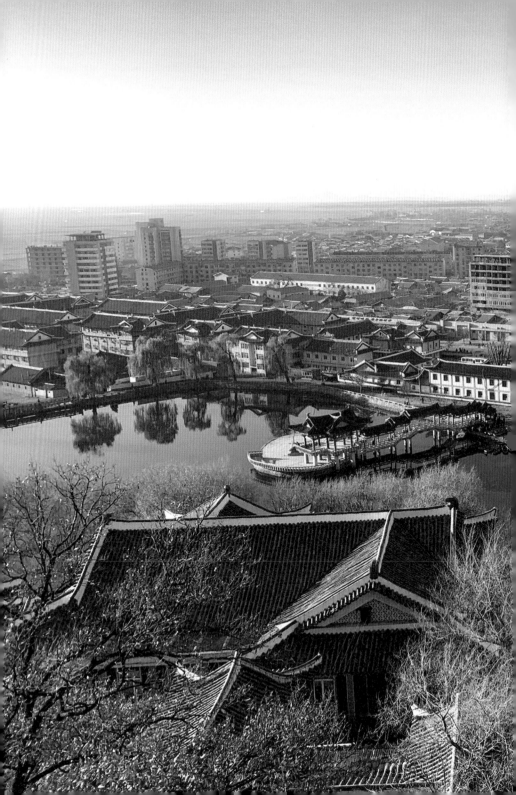

從展望台上俯瞰沙里院市區時的景象

喝過最美味的米酒，香甜且微苦，讓人突然很想擺桌配上一口肉餅。因為那對老夫妻一直看著我，我舉起拇指表示很美味後，他們則用笑臉回應了我。

這座民俗文化區位於山上，因此設有展望台，正當我覺得喘且無法繼續往上爬時已經抵達頂端了，山頂上可一覽整個沙里院市區，以景岩湖爲中心瀰漫著一股異國都市的風情。

在前往下一個觀光地的途中我發現一件事，路邊別說是垃圾桶，就連垃圾也不見蹤影，讓我覺得相當新奇。在旅行過程中所到之處都沒有見到路邊有任何的垃圾，問過導遊後才知道，人民不僅不會在街道上亂丟垃圾，還會輪流於清晨時清理街道。

北韓居民住在什麼樣的房子呢？

北韓一般民宅

　　我完全沒想到這次的旅行可以去參觀北韓一般民眾的住家，因為先前拿到的行程表上也沒提到相關的資訊，我對於參觀民宅這件事抱持懷疑的態度，不過後來我們還真的去參觀了。

　　外觀看起來和南韓農村常見的平凡鄉下住宅沒兩樣，打開大門進去後發現庭院裡種滿蔬菜，脫下鞋進去屋內先看見廚房，地板有煮飯的鍋子這一點讓我覺得有些違和，但廚房的工具看起來和南韓沒有太大的差異，或許是剛好要準備晚餐的關係，室內瀰漫著一股味噌湯的香味。導遊解說房子內部的時候，我向靜靜站在一旁雙手合併的主人大嬸點頭打招呼，身材高大的外國人一窩蜂全都擠進屋內，讓整個空間顯得格外狹窄。

後來我們穿越廚房移動到掛有金日成、金正日照片的一樓客廳，雖然不清楚每天有多少觀光客會來參觀，但主人大概早已習以為常，如果是有陌生外國人團體來我們家參觀和拍照，我大概不會覺得很開心。主臥室有臨盆的孕婦，因此我們直接前往二樓，天花板偏低，但床、電暖爐、電扇、淨水器等該有的物品一個都沒少。我們短暫參觀後便離開，參觀別人家這一點讓我覺得有些在意，但從可以進一步了解北韓人民生活這一點來看卻讓我相當滿足，離開民宅後發現天色早已變暗，遠方的夕陽比任何時候都更加美麗。

北韓民宅，庭院有菜園和井水。

掛有金日成、金正日照片的一樓客廳。

擺放許多生活用品的二樓。　　　　　散發白飯香氣的廚房。

Made in North Korea，大同江啤酒

再次前往平壤

在返回平壤的巴士中，我感到有點睏且疲倦，正當我想要稍微休息時導遊突然拿起麥克風唱起了歌。包含經理人在內的三名導遊不約而同地唱起《阿里郎》與在南韓也很有名的《口哨》，這兩首歌真的會讓人上癮，歌曲的旋律在腦海中迴盪了好一段時間，後來團員們也唱了幾首歌曲。

抵達平壤時早已經天黑，晚餐是烤鴨，進入餐廳後我看見有一般北韓民眾正在用餐，這是我們第一次和當地人在同一間餐廳用餐，果然很有平壤市民的風格，就算外國人走進餐廳連正眼都不瞧一眼。

每桌都擺放兩瓶大同江啤酒，北韓啤酒很好喝的傳聞我在北京時就已經聽說過無數次了，但我卻很懷疑啤酒是能有多好喝呢？我帶著有些狂妄的態度不加思索地喝了一口，瞬間我覺得非常訝異且睜大了雙眼，啤酒呈現微苦卻很柔順的味

平壤美食餐廳「平壤鴨肉專賣店」。

道！大同江啤酒真的很好喝，因為桌上還擺放有平壤燒酒，於是我便將啤酒和燒酒混在一起喝，這樣的喝法也是別具風味。如果要再加一瓶啤酒就要另外支付一歐元（大約一千三百

和鴨肉非常搭的燒酒與大同江啤酒。

韓幣），如果在不知情的狀態下喝，說不定會以為是青島啤酒或海尼根，雖然也有金剛啤酒、峰鶴啤酒等其他種類的啤酒，但我認為大同江啤酒最好喝。大同江啤酒也包含了黑啤酒，依照麥芽與白米的比例分為七種，但這次旅行我只能喝到消費者評價第二名的啤酒。

本以為吃完晚餐就會直接回飯店，導遊卻突然說要去看電影，這同樣也是行程表上沒有的項目，但當導遊詢問是否要去看電影時，大家不約而同都立刻舉起手。電影要另外支付五歐元（大約是六千五百韓幣），這一類出乎預期的經驗讓我覺得很開心，如果可以我想去遊樂園玩一下，也想去大同江搭乘遊覽船，也想前往東海岸在元山吃烤貝類，就算要多花一些錢，我也想去參觀市集。

我們看電影時也是吃爆米花

平壤電影院

抵達電影院後我才發現自己的手機放在餐廳忘記拿，多虧導遊的幫忙，我才能在電影結束後取回手機。聽說在北韓幾乎沒有發生過旅客物品失竊的案例，首爾同樣也是以物品不會失竊聞名的幾個國家之一，從此一層面來看，南北韓似乎真的很像。

大概是剛開始營業的關係，室內空氣還很冷，看見爆米花後我忍不住走過去看了一下，並不是爆米花很新奇，而是有爆米花這件事本身吸引我。吧檯也有販售大同江生啤酒，或許是因為剛才在餐廳沒有喝夠吧，男性團員都在排隊等著領啤酒，就在此時導遊走過來問說：

「妳要吃爆米花嗎？」

「不，我已經飽到吃不下任何東西了，這裡也有爆米花耶？」

電影院內的點心吧檯。

「我們看電影時也會吃爆米花。」

導遊笑著回答。這種大型的電影院當然會有爆米花，我對於自己擅自斷定認爲北韓電影院沒有爆米花的行爲感到羞愧。進入電影院後發現內部相當寬敞，我們欣賞的電影主題是《金同胞在天空飛》，彷彿就像是在觀賞韓國七〇～八〇年代的電影，電影是在描述一名出生於礦村的少女成爲代表國家的馬戲團成員，最後當然是快樂的結局，在實現夢想的過程中獲得許多人毫不吝惜的幫助，讓人覺得和現實有些距離。幸虧爲了外國觀光客還準備英文字幕，因爲電影中充滿北韓獨特的聲調、陌生的單字與表達方式，如果沒有字幕，我大概也無法完全理解內容，我覺得還滿有趣的，但電影結束後我發現有幾名團員已經睡到打呼了。

另外我想說一件電影中也有提到的事情，據說除了平壤居民以外，其他地區的人要前往平壤並非容易的事情。後來回到韓國我才從朋友口中得知一項事實（他逃離北韓後已經在韓國定居超過十年），造訪平壤時須事先申請「平壤通行證」之

室內電影院中也標示有社會主義的口號。

類的文件，若是沒有親戚在平壤或是跟工作無關的話，根本就
別妄想可以前往平壤。有一名團員問導遊說：

「平壤的生活環境這麼好，但為何要限制其他地區的人
進入呢？」

「很多人都想要住在平壤，但如果任何人都能來的
話，那就不會有人想要住在其他地區，要讓人口達到平衡才
行。」

讓「人口達到平衡」嗎？如果我是北韓人，大概會希望
自己能住在平壤吧。

出乎預料的服務
西山飯店

　　結束漫長的一天後終於回到飯店，已經快要晚上十點了，假設北韓當局擔心旅客因為好奇心於深夜時離開飯店四處閒晃的話，我很想告訴當局根本就不需要擔心這種事，這樣緊湊的行程根本已經讓人回到飯店後連洗腳的力氣都沒有，更何況是跑出去外面閒晃。不過我早已經決定今天要參觀飯店，雖然和一般四星級飯店比較起來有些不足，但其他部分則是樣樣俱全。

　　說明文中寫著提供玩水設施、美容、理髮、修繕服飾等各式各樣的服務，當中有一個項目讓我頓時眼睛為之一亮，那就是「按摩」。我是按摩愛好者，於是我便去詢問是否可預約按摩，打開門後看見櫃台站著一名年約二十歲出頭的女服務生，看見我使用韓文詢問是否可按摩後，對方同樣露出一臉訝異的表情，因為這種情況已經發生過很多次，讓我有點上

癮，甚至覺得樂在其中。

「啊，現在可以。」

「一個小時多少錢呢？」

「十八歐元。」

大約是韓幣二萬三千元，雖然以飯店提供的服務來說不算昂貴，但以北韓的物價來說卻算偏貴，不管怎麼看都像是外國人專用價。在北韓一般都稱馬殺雞為按摩，後來我便跟著服務生進入按摩室，昏暗的照明下擺設有兩張按摩床。

我說自己的頭很痛，對方就集中按摩我的脖子和腳的周圍，按摩師沒有說話，也沒問我來自何處，因為一小時太短，於是我便詢問是否可增加一個小時。

「可以增加一個小時嗎？」

「一小時應該就夠了吧？」

雖然很可惜，但只能預約下一次了，支付訂金後我便開心地回到房間，頭痛的症狀如同奇蹟般消失不見，也多虧這樣我才能安穩地進入夢鄉。

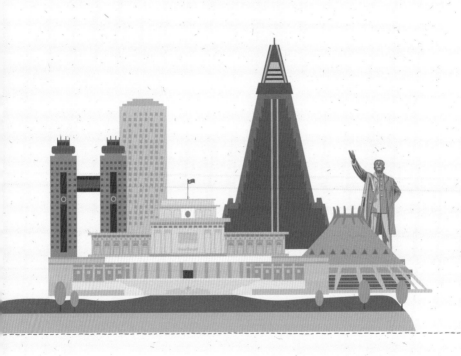

第 4 章

和北韓市民一樣遊走平壤

我在看什麼呢？

錦繡山太陽宮殿

　　這一天我同樣也是清晨就醒來，因為飯店沒有另外提供飲用水，早知道應該先在清涼飲料店買幾瓶。今天應該會比前一天更忙碌吧，聽說今天要先去對北韓人來說最重要的場所，參觀完平壤市區後則要去搭乘地鐵，晚上要在平城住一晚，因此必須先整理行李。我心想：「我在開城買太多紀念品了，何時才能整理好呢？搭乘地鐵就能更近距離接觸北韓人嗎？」另一方面我整理時發出的聲音吵醒了同房的團員。

　　我的室友是交換學生，目前住在韓國，因為她正在學韓文，所以買東西時都盡可能努力使用韓文。不過問題就在於北韓話和南韓話有點不太一樣，使用「고맙습니다謝謝」的頻率高於「감사합니다感謝」，經常使用「～십니까？（～嗎？）」、「～하겠습네다（會進行～某件事）」，導致我聽不太懂意思。北韓使用的單字也常讓我搞不清楚其真正的

涵義，連隨處可見的「主體思想」、「人民」、「自主」、「不屈」等都得搜尋一下才知道它代表的意思，更何況是其他用語呢！

我為了喝杯晨間咖啡便去了一趟餐廳，北韓只有高級咖啡廳或觀光勝地才會販售美式咖啡，點咖啡時通常都只會提供三合一咖啡。我還試著問服務生是否有黑咖啡，對方則露出一臉狐疑的表情，我經過一番苦思後又再問了一遍。

「請問有沒有添加奶粉（牛奶）和砂糖粉（砂糖）的黑色咖啡嗎？」

「啊，沒有。」

很遺憾的是沒有我要找的咖啡，但我的北韓話似乎日益漸進。

當時有一名穿著西裝和繫上領帶的男性團員早已經坐在餐廳用餐，因為我們今天要去參訪北韓最神聖的地方「錦繡山太陽宮殿」，太陽宮殿光是名字就深具震撼力，以前被稱為主席宮，被當作金日成主席的辦公室。錦繡山是太陽宮殿所在的牡丹峰的舊名，「錦繡」是指「刺繡的綢緞」，據說加上庭院的規模後，面積比順安國際機場還要更大。

在前往太陽宮的途中我突然有一股前所未有的緊張感，導遊特別交代了須嚴格注意的事項，我再重複一次，在北韓旅遊時若是旅客違反規定就會取消旅程，嚴重一點連同當地導遊都會被懲罰。北韓是依照既定行程觀光的國家，無法隨心所欲拍照且自由行動，過度的好奇心反而會造成麻煩。

造訪錦繡山太陽宮殿時一定要遵守的規則

1. 穿著須端莊（男性要繫領帶穿皮鞋，女性則要穿褲子或過膝的裙子搭配皮鞋）
2. 只有獲得允許的地區才能拍照
3. 禁止咀嚼口香糖或吃糖果
4. 手不准放背後或倚靠牆壁
5. 禁止無禮的表情或言行

抵達之前導遊一一檢查了每位成員的服裝，我的室友穿運動鞋，很擔心她會被擋在門外。

當時我完全沒能預料到自己接下來會看見什麼，看見領導者的遺物或銅像後我猜測，這應該就是全部所能參觀的內容了。

在遠處觀看的太陽宮，實際上就如同其名一樣壯觀。

　　不知不覺窗戶外開始出現壯觀的建築物，太陽宮殿真的就和宮殿沒兩樣，一進去入口就能看見到處都是軍人，雖然不管在北京或是在北韓都已經聽說過了，但實際上見到後發現，宮殿本身與軍人賦予的壓迫感真的不是鬧著玩的，儘管引導員穿著漂亮的韓服，但表情相當嚴肅且只會指引方向。從這裡開始要四個人為一排慢慢前進，一望無際的宮殿庭院草皮整頓得相當漂亮，閱兵儀式就和新聞中出現的一樣，手腳的動作

配合得相當完美，而且也有看見女兵，裡裡外外到處都有配備武器的軍人。

我們先進入了大廳，大廳內還有許多其他旅行社的觀光客，那是一個能自由坐著閱讀報紙和宮殿介紹指南的地方，感覺也像是在入場前做準備的場所，去廁所時也有看見穿著漂亮洋裝照鏡子檢查服裝儀容的北韓人，最先去的是保管持有物品的地方，厚外套、電子產品、金屬等物品全都必須放在這裡保管。因為之後會通過金屬探測器，當然沒辦法偷偷帶東西進去，團員的持有物品放入各個隊伍的櫃子，鑰匙由導遊保管，歸還時可再次取回物品。

由於內部非常寬敞且天花板很高，根本就搞不清楚是往上移動還是往下移動，我們乖乖跟著導遊移動，然後眼前出現了非常長的電動平面扶梯。站在電動平面扶梯時不能步行，只能靜靜站著且禁止倚靠旁邊，因為到處都有軍人，必須避免做出無禮的舉動。

導遊在移動的過程中都會找時間簡單講解太陽宮殿的歷史，聽說太陽宮殿是北韓人一輩子至少要去一次的地方。另一邊的電動平面扶梯出現許多結束參觀正要回去的北韓人，男性穿著暗色系西裝搭配領帶，女性則穿著絲絨質感的韓服，但那似乎是冬季的韓服。來到北韓後我還發現，如果只看韓服的設計，北韓的韓服比南韓華麗多了。但因為經常看見類似的衣服，我認為大概是配給時從多種韓服中擇一獲得的吧，正當我低聲和導遊談論西裝種類時，有個體格矮小穿著老舊西裝的中年男性吸引了我的注意，該名男性看起來比其他人顯得更貧困的樣子，於是我便問導遊說：

　　「貧困的人要怎麼來這裡呢？不是連來平壤都很困難嗎？」

　　聽見我說的話後，導遊那原本充滿笑容與淘氣的表情突然變得很嚴肅，並且小聲回答我說：

　　「在這裡請別使用貧困這個詞，這裡不是社會主義嗎？哪有分什麼窮人和有錢人呢？」

當下我再次提醒自己說話要小心一點，拜訪這個地方的北韓人全都面無表情，儘管看起來像是團體來參觀，但卻看不見有人在交談。在電動平面扶梯盡頭要踏上清除鞋子灰塵的機器，接著就和在半導體公司一樣通過有如風淋室的門，這是為了進行全身消毒。而且眼前再次出現了深不見底的電動平面扶梯，不同於剛才的是，牆壁上掛有領導者的大型照片與成就介紹的相關資料等，繼續往前移動後出現在眼前的是金日成與金正日的銅像，銅像大約是實際人物的四～五倍以上。氣氛顯得相當嚴肅，在前面引導方向的導遊再次看著我們調整隊伍，導遊大概也是很緊張，所以整理了一下領帶。其實親自來這裡之前，我完全不清楚這個地方對北韓人的重要性，通過銅像轉向右邊後出現一道白色的大門，軍人示意要我們停下來。

　　「這股極度的緊張感是怎麼一回事呢？」

　　面無表情的軍人、緊張的導遊以及團員們一臉茫然的表情讓我更加緊張，等了一分鐘左右，軍人終於示意說可以繼續前進，導遊再次檢查我們的隊伍是否有排列整齊後，然後大家就一起進去。

我們進入設置有紅色偏暗照明的房間，天啊，正中央安置有金日成主席的大體，因為我完全沒預料到會親眼見到大體，起初我還以為是人偶，但玻璃棺內紅色棉被蓋至胸前的那個一定是人！看起來就像是在睡覺一樣，眼角甚至有鮮明的皺紋，保存的相當完善，就和電視裡看見的人物一樣。在這寬敞的空間內看起來似乎有五十名的觀光客，但卻聽不見任何呼吸聲，因為實在太安靜了，讓人甚至有種彷彿來到異次元般的感覺。所有的觀光客都必須以玻璃棺材為中心在前方、兩側各進行一次鞠躬行禮，因為只是繞玻璃棺行禮而已，因此沒有花費太多的時間。

　　出來後大家很明顯都是一副驚慌失措的表情，前往展示室的途中沒有人開口說話。宮殿分為一、二樓，二樓有金日成主席的大體、遺物、生前從其他國家獲得的獎、獎牌、禮物等，一樓則是以類似的型態展示金正日委員長的大體、遺物和獎牌等。參觀完展示室後我們便前往宮殿的庭院，雖然現在開始可以拍照，但卻不能拍攝宮殿的正面，此時才終於聽見旅客們的交談聲，接著目前在日本擔任翻譯工作的德國團員走過來和我交談。

「Jae，我作夢也沒想到會親眼見到遺體。」

「我剛開始還以爲是人偶，是連眼角皺紋都看得見的精緻人偶。」

當天的行程讓我感觸良深，這個地方對北韓人來說具備何種意義呢？雖然大概只有北韓人能理解，但腦海中頓時浮現一句話，那就是到處都能看見的主體思想內容「領導會永遠與我們同在」。

鄭小姐，可以幫忙獻花嗎？

大城山革命烈士陵

　　我們再次搭上遊覽車，接下來要前往距離太陽宮殿不遠的大城山革命烈士陵，這裡是北韓的國立公墓之一，安置有金日成主席一家人與朝鮮民主主義人民共和國建國主要人物 —— 革命第一世代（金一、崔賢等）。不僅如此，聽說還有日據時代進行獨立運動而在滿州過世的人物，前往烈士陵的階梯大概超過數百個，抵達烈士陵時，我已經快喘不過氣了。

　　爬上頂端時發現眼前的景色真的令人讚嘆不已，聽說是為了讓在此處沉睡的烈士們也能凝視獲得解放的祖國，才會刻意設立在高處。烈士陵的正面設置有巨大的「共和國英雄獎牌」造型物，大家都必須在此處獻花與默哀，我們隊伍的導遊將事先準備好的花放置在獎牌造型物前。

抵達大城山革命烈士陵後，眼前一望無際的美景。

　　烈士陵入口有一間花店，一束花大約五歐元，外國人與本國人的價格不一樣，我猜大概是外國人的花束有多加幾朵吧，所以價格才會比較昂貴。

　　每個墳墓都設立有半身像與石碑，石碑上寫有名字、地位、出生年月日、死亡日，也有和妻子合葬的墳墓。陵園共由九個壇組成，從最下方開始依照死亡順序建立而成。最上方的壇安葬有金日成的直系家屬，在此處也必須獻花與默哀，於是大家開始依序上前獻花。先來的人完成默哀後，就換下一排的

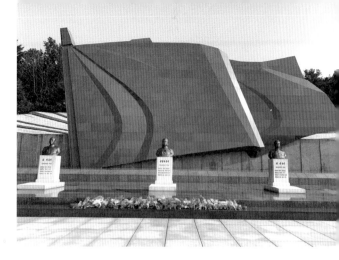

擺放有訪客獻上的花朵。

人上前默哀，或許是因為大家都顯得相當小心翼翼，我們的團員也靜靜地排隊，就在此時導遊突然對我說：

「鄭小姐，妳可以代替我們這一團去獻花嗎？」

瞬間思緒有種被吸進黑洞般的心情，想得簡單一點就當作是向祖先獻花，如果要想得複雜一點，出生於韓國且小學時曾參加反共演講比賽的我長大後自己去申請將國籍改成澳洲，然後在北韓領導層的墳墓獻花，這種情況下我當然會感到混亂。但我還是選擇將此一複雜的心境拋諸腦後，和導遊一起走到石碑前獻花，並且和團員們一起默哀。回去韓國時如果說我向北韓領導層的銅像獻花，我會不會在神不知鬼不覺的情況下被抓走呢？但可以確定的是，這是相當特殊且令人驚訝的體驗。

和北韓居民一樣逛黎明大街

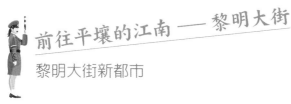

前往平壤的江南 ── 黎明大街
黎明大街新都市

　　或許是一早就進行數十次沉重的默哀，內心也莫名地感到沉重，導遊說中午要去距離太陽宮殿不遠的黎明大街新都市吃午餐。黎明大街就像是韓國的江南，我認為大概是北韓最高級的一個區域吧，包括搭乘遊覽車時曾見過幾次的永生塔、上午去過的太陽宮殿以及北韓名門大學金日成綜合大學都在黎明大街，也有超過七十～八十層樓的高樓大廈，大樓的居民大部分是大學教授或是負責重要職務的人，稍微往前移動後發現不只是有大樓而已，還有外觀像是宇宙船的獨特建築物。

　　因為必須走一段路才能抵達餐廳，也多虧這樣我們才能自由行走於平壤的街道上。竟然能走在旅行第一天擦身而過的黎明街道，心中不禁感到無比的雀躍，或許是在照顧其他團員的關係，剛開始導遊沒有待在我身旁，我也因此得以獲得如同蜂蜜般甜美的短暫自由時間。但因為我很清楚不能做出太引人

外觀特殊的建築物。

注目的行動，而且到處都會有人觀察，所以必須好好約束自己的行為。

　　曾幾何時北韓之旅已經變成感謝自由與選擇這兩個單字的時刻了，看見在個人行為皆會受到控管的國家中生存的人民，再加上親自體會過被監視與控管的感覺後，我更深刻明白一件事，雖然自由是每個人出生後都應該賦予的權利，但也有人可能一輩子都無法體驗自由的珍貴。

平壤街道的面貌。

　　明明知道自己的一切行為都受到監視與控管，卻依然若無其事任意行動一定不是北韓當局樂見的情況。但諷刺的是，在這種氛圍中旅行卻和在零下氣溫中享受戶外溫泉具備相同的魅力，該怎麼說呢？如果走出溫泉外的北韓社會可能就會冷死，但只要待在如同溫水般的旅行團中暫時吹一下冷空氣就會是不一樣的體驗，只要換個角度思考就可以了。

　　撇除花花綠綠的建築物顏色，走在街道時有種彷彿走在韓國某個角落的感覺，隨著在北韓待的時間越久，就越能發現北韓人的長相、語言和民族性與韓國沒有太大的差異。特別最讓我印象深刻的是，北韓人在公共場所不會大聲喧嘩或引起騷動，小朋友吵鬧時媽媽都會立刻制止，通電話時也是

輕聲細語。

　　凡事要求動作快的文化為何也是如此的相似呢？在餐廳吃飯時一枝筷子不小心掉地板，服務生立刻以迅雷不及掩耳的速度帶來一雙新的筷子。南北韓最相似的地方就是自尊心都很強，北韓人厭惡被輕視或被他人怠慢，因此在比較南北韓的文化、語言和生活方式等各方面時要小心千萬不能隨便開口或評論。

　　「鄭小姐，心情怎麼樣呢？」

　　導遊不聲不響地走到我身旁，害我嚇了一跳，我心想：「又不是使用什麼奇門遁甲術，剛才我身旁明明沒有任何人，導遊是何時走到我身旁的呢？」表面上則像個非常有禮貌的少女一樣回答說：「有許多高樓建築，街道也很乾淨，真的讓我相當訝異！而且地上也完全沒有口香糖耶。」或許是心情愉快的關係，他笑著回答說：「呵呵呵，如果有垃圾我們都會先放在口袋，然後帶回家才丟！」。

　　我們就這樣邊聊邊走到餐廳，餐廳就在剛才那棟長得像宇宙船的建築物裡，建築物上寫著「資訊技術交流所」，但導遊沒有另外解說，我想大概是和資訊技術相關的地方吧。一樓有販賣部，有北韓人邊吃飯捲邊聊天中，發現放置冰淇淋

「資訊技術交流所」與「綠色建築技術交流社」。

的冰箱時，我便向經理人取得同意，然後就買了一個「雞卵冰淇淋」。沒有比這更直白的名稱了，雞卵冰淇淋一個人民幣二十元（大約三千五百韓幣），口感很柔順且美味，和韓國的Bravo Cone甜筒差不多。在北韓旅行的期間我都很放心地享受當地的餐點和零食，雖然這同時也是我的期望，當地的食物似乎不會為了呈現某種味道而添加對身體不好的化學產品。

我們在建築物三樓華麗的宴會場用餐，配菜有雜菜、泡菜等韓式料理，同時也有麵包和年糕等點心，大致上來說是讓人相當滿意的一餐。

香草味的雞卵冰淇淋。

北韓也有地鐵？
萬壽台山丘、復興站

　　在前往平壤地鐵之前我們還去了一趟萬壽台山丘，這裡同樣也是北韓重要地區之一，雖然名稱是山丘，但看起來像是整頓得相當乾淨的公園。該地區建有二十三公尺高的金日成、金正日銅像，一般人站在前面時看起來就和豆子沒有兩樣，在這裡也能看見人們獻花的情景，聽說北韓人一般在完成結婚典禮後也會安排行程拜訪此地。我們抵達時已經有穿著韓服與西裝的人群在排隊了，因此我們也同樣排隊等待。

　　我們預計將會搭地鐵前往復興站、榮光站、凱旋站等三個地方，我們最先去北韓的中心地帶，同時也是世界最高地鐵站的復興站。想要搭乘列車就得先搭長約一百一十公尺的電扶梯下去，基於好奇為何要挖這麼深，於是便詢問導遊，導遊回答說：「這是為了戰爭時可當作防空洞使用。」

深具壓迫感的銅像聳立在眼前。

　　地鐵入口和南韓的火車站差不多，進入站內後就能看見
驗票口和電扶梯，乘客通常都是在地鐵站入口購票，經常使用
地鐵的通勤者則是使用交通卡，到目前為止都和南韓的地鐵沒
有太大的差異，搭乘地鐵的費用大約不到一美金，本國人與外
國人的價格不同，金額也有可能隨著時間點而有差異，很難說
出一個準確的價格。通過驗票口後便搭乘電扶梯，通道的深度
讓人頓時有種來到雲霄飛車最頂端的感覺，沒有看見緊急逃生

復興站入口。

梯或電梯，只有三台電扶梯上下，沒有人用走的，大家都是排成兩排或一排站著。在前往月台的這段時間不斷地聽見廣播在灌輸社會主義思想，如果曾看過北韓新聞大概對這個聲音就會很熟悉（？），我試著靜靜聽女主播那深具魄力且宏亮的嗓音，大致上是在說「偉大的領導人拜訪了哪個地方眞是太好了」等讚揚領導人成就的內容。

我突然有個疑問，於是便問站在旁邊的導遊。

「如果電扶梯故障該怎麼辦呢？」

「爲何會故障呢？南朝鮮的電扶梯經常故障嗎？」

因爲他看起來相當嚴肅，我認爲自己的回答攸關著韓國的形象。

「也不是經常故障，偶爾會故障，哈哈哈，畢竟使用的人太多了。」

「故障時該怎麼辦呢？用走的嗎？」

「對，故障時就得用走的或是搭乘電梯，但年輕人通常都用走的。」

「哦，是嗎？」

導遊的反應是眞的嚇一跳呢？還是假裝很驚訝呢？我完全摸不著頭緒。原本看似永遠都不會停止的電扶梯終於抵達目的地後，我們稍微走了一段路，牆壁上有綜合告示板，這是一種點擊欲前往的車站後，每個停靠站就會閃燈且告知路線的系統，似乎很適合像我這種初次搭北韓地鐵的乘客使用。

離開地下道看見月台的瞬間，我想「目瞪口呆」這個成語就是在這種情況下使用的吧，月台就像是建立在地下的都市一樣壯觀，本以爲黑暗的隧道中頂多只會有一、兩輛列車，但這卻是我自以爲是的傲慢想法。復興站的月台非常華麗，彷彿就像是在天空中進行噴水表演，天花板的吊燈瀰漫高級的

看不見盡頭的電扶梯。

氣息，柱子或壁面皆能看見精緻的雕刻。我便問導遊為何要裝飾成如此華麗，導遊說：「為了讓平壤市民在搭乘地鐵時能有使用一點錢就能享受奢華的感覺，這是金日成主席的意思！」。

　　包含我在內的所有外國觀光客，全都對這超乎想像乾淨與裝飾如此奢華的地鐵站內部感到讚嘆不已。

　　復興站內部到處都有可瀏覽報紙的平台，基本上在北韓無論在何處都能接觸得到《勞動報》和《平壤市民報》，報紙

上下班時間乘客相當多。

內容大致上都是黨爲了人民做的對內‧對外的業務狀況，或是
人民爲了黨執行的各種專案。壁畫同樣也讓人無法忽視，充滿
社會主義色彩的壁畫蘊含北韓人齊心合力讓國家趨向富強的意
思，不僅包含社會主義的口號，還含括讚揚領導者的內容，以
及北韓的歷史，從遠處看時像是油畫，近看時才發現是馬賽克
壁畫。

　　由於月台沒有另外設置安全門，站內有站務人員舉著紅
色標示板，曾去過俄羅斯旅行的英國團員說北韓的月台和俄羅

斯的月台很類似，很快地我們要搭乘的淡綠色且像玩具一樣的列車就進站了，乘客全都一窩蜂聚集到車門前，但沒有發生爭先恐後的情況，列車等待的時間相當充裕，讓乘客可以慢慢上下車。

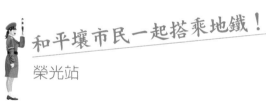

和平壤市民一起搭乘地鐵！

榮光站

　　北韓的列車有新舊之分，新型的照明很明亮、乾淨，很難找到與韓國地鐵的相異之處；舊型的內部相較偏暗，但因為使用原木裝飾而成，呈現一股古典風。

　　聽到平壤地鐵比首爾地鐵早一年於一九七三年九月開通的事實讓我十分訝異，本來還半信半疑，但地鐵內部也掛有領導人的照片，而且也有廣播，舊型地鐵的座位就和老舊的床一樣感覺得到粗糙的彈簧。雖然不會覺得不舒服，但我還是選擇站著，宣傳廣播停止時就變得非常安靜，讓人連拍照都會覺得很有壓力，就在此時座位上的一位老先生拉了我的衣袖問說：

　　「那些人是從哪來的呢？」

　　看來他似乎誤以為我是北韓導遊吧，我盡可能以最自然的方式回答了他。

舊型地鐵的「英雄榮譽軍人座位」與「戰爭老兵座位」。

新型列車明顯散發著一股現代氣息。

「那些人是德國人，這些則是英國人，這位則是從澳大利亞來的。」

聽完我的回答後，老爺爺只是很簡短地回答說：「原來如此！」我不自覺地就笑了出來，我旁邊還站著一名澳籍華人，既然老先生會選擇問我，那大概是因為我看起來就像是朝鮮人的關係吧，此時距離榮光站還有一站。

平壤的地鐵路線分為千里馬（紅色）與革新（綠色）兩條線，當中的千里馬線延伸的另一條線是萬景台線，這樣應該算是行駛三條路線。除了我們去的地方以外，雖然還有烽火站、勝利站、光復站、革新站、傳承站等十七個車站，但觀光客能去的站只有二～三個左右。

榮光站同樣也很壯觀，繽紛多彩的天花板讓人聯想到美術館，據說柱子與天花板是在呈現放煙火的景象。這個地方的壁畫是在畫平壤市區，現在要前往最後一站凱旋站，我們的運氣算很好，因為正巧搭上了新型列車。列車內的手把與座位都是粉紅色，呈現一股相當清新的感覺，不但乾淨，照明也十分明亮，感覺就像是在搭乘首爾的地鐵。從舊型換搭新型地鐵後，彷彿就像是搭乘時光機從過去前往未來旅行一般。

華麗的榮光站內部。

　　韓國與北韓的地鐵文化最大差異就是，北韓的地鐵內看報紙、書和手機等物品的人不多，幾乎也沒有人會和隔壁的人聊天。過了一會兒，我們在終點凱旋站下車，站內也有領導人的銅像與連鎖便利商店，搭乘北韓地鐵是這次旅行最精采的部分，也是和北韓一般民眾最親近的感動時刻。

北韓的國民零食 —— 人造肉飯

凱旋站附近

　　從凱旋站下車後我們便步行去搭巴士，或許因為是在地鐵周圍，到處都看得見商店。不過因為是平日非上下班時段，街道顯得比較冷清。北韓人是週休一日，每個星期工作六天。

　　清涼飲料店同樣也是常見的便利商店，近距離參觀後才發現有許多飯捲、年糕、不知名的小點心，飯捲幾乎和韓國一樣，比較接近忠武海苔飯捲。我還看見了北韓的國民零食「大豆人造肉飯」，我曾在電視節目《現在去見面》中看見脫北者不斷地稱讚該零食非常美味，在好奇心的驅使下我便買了，我支付人民幣三十元（大約五千韓幣），製造商是牡丹峰

北韓的國民零食 —— 人造肉飯。

凱旋站入口。

綜合餐廳，總覺得看起來很辣，就算包裝了也散發強烈的大蒜
味，所以我決定晚餐時再享用。

在前往戰爭紀念館的途中有點塞車，聽說北韓沒辦法購
買私人車輛駕駛，因爲是對社會立功者可獲得車輛作爲獎勵的
方式，中型車輛看起來特別多。這次坐在一旁的經理人也提出
了疑問。

「鄭小姐，南韓人全都有自己的車嗎？」

「並不是全部，但有車的人非常多。」

「家家戶戶都有車嗎？」

「有些家庭有車，有些家庭沒有車。」

偶爾也會看見新型巴士。

在北韓我聽到的大部分問題「大致上都是以平均的數值回答」居多，韓國人的薪水多少、是否家家戶戶都有自用車，就算不清楚正確的情況，最後也都必須以平均的數值回答。後來回到韓國，我才知道原來北韓也會自己製造車輛，雖然北韓的和平汽車、勝利汽車、平壤汽車、清津商用車、金正泰機關車也都會製造車輛，但因為技術落後，有許多車輛都是從中國進口。

在平壤見到的車多半都是和平汽車，光是一九六○年代北韓年度生產的車就高達四千多輛，相較之下南韓只有一百多輛，但現在南韓的汽車技術已經達到世界級的水準，讓人深深引以為傲。

什麼？6‧25戰爭是北侵？
祖國解放戰爭勝利紀念館

　　從眼前到處都能看見觀光巴士這一點來看，紀念館應該就在附近了，進去入口後最先迎接我們的是紀念塔，旁邊有舉著旗幟的人物銅像，名字是「勝利像」。壯觀的祖國解放戰爭勝利紀念館呈現一股與韓國戰爭紀念館類似的氛圍，基於好奇這裡指的「解放」是說從日本的統治下獲得獨立嗎？於是我便詢問了導遊，但導遊看起來似乎不知道該如何解釋，所以我就沒有再繼續問。

　　後來我才知道祖國解放戰爭是指6‧25韓國戰爭，6‧25戰爭爆發於一九五〇年六月二十五日，直到一九五三年七月二十七日才簽訂停戰協約，是一場歷經三年左右的戰爭。這場戰爭並不是單純只有南北韓參戰而已，蘇聯、美國、中國、聯合國軍隊等皆參戰，因此對物資‧人力‧精神上都造成莫大的傷害，是一段悲傷的歷史。

祖國解放戰爭勝利紀念館與勝利像。

　　北韓將達成休戰協約的七月二十七日訂爲祖國解放戰爭勝利紀念日，同時也是國定假日，在此一紀念日期間前往平壤旅遊的北韓旅遊商品也相當受歡迎，因爲這一天整個國家都會呈現慶典氛圍，可以和居民們一起唱歌、跳舞享受慶典的歡樂，從這個部分可以看出這一天對北韓來說有多麼重要。解放是指「對抗美帝國主義獲得勝利」的意思，同時也代表韓半島北部地區（北韓）的社會主義體制從戰爭中取得了勝利。

　　此一紀念館外館主要展示戰爭時被抓去當俘虜的美軍的武器、戰車，以及照片等，當中最顯眼的當然就是一九六八年北韓扣押的美利堅合眾國海軍的情報搜集艦普韋布洛號（USS Pueblo），船上到處都能見到明顯的彈痕。

看見許多實際使用的戰車、武器等。

美利堅合眾國的情報搜集艦普韋布洛號。

　　美國軍艦爲何會停靠北韓海岸，那些軍人爲何會被抓去
當俘虜呢？當時搭乘此一軍艦的船員有八十三名之多，但逮捕
過程中發生的衝突導致一個人不幸喪命，另外八十二個人被抓
去當俘虜且被使用電刑拷問。甚至有未受證實的傳聞說吃飯都
是吃醃漬蘿蔔，美國的原則是只要是爲國奮戰的軍人，就算是
屍體也一定要帶回國，最後俘虜在承認入侵北韓領海之海盜行
爲的文件上簽名與正式道歉後，才透過板門店獲得釋放。既然
連美國都道歉了，那確實就算是北韓獲得勝利。雖然船員全都
遣回，但普韋布洛號依舊無法回美國，被當作勝利證據一般展
示在北韓的戰爭勝利紀念館。

展示於普韋布洛號內部的一九六八年一月二十四日星期三發行的朝鮮人民軍報紙的第一頁寫著：「殲滅朝鮮人民的不共戴天之仇美帝入侵者吧」！

　　參觀完普韋布洛號後就正式進入紀念館的內部，從這個區域開始禁止攝影，紀念館內部有許多6‧25戰爭相關的資料，主要都是金日成的成就紀錄，像是當時穿著的軍服、鞋子、簽名的文件等紀念社會主義體制勝利的物品。不過奇怪的是，在那眾多的戰爭紀錄或解說中幾乎沒有直接談到南韓的內容，感覺那就像是一場以美國為敵人的戰爭。

　　另外，導遊在解說時談到一件事讓我相當訝異，北韓主張6‧25戰爭是北侵，清晨時（敵國，南韓）侵略了北韓，紀錄內容和我們所知道的事實相差甚遠。若是突然遭受侵略的話，照理說應該會有撤退的動作，故事才會比較自然，但北韓軍卻只花了三天就占領了首爾，如果真的是北侵，那也該說清楚挖地道的原因不是嗎？

朝鮮人民軍報。

或許是好奇我對於北韓的主張有何看法，導遊走過來問我說：

　　「南韓也有這種戰爭博物館嗎？你們學習的6‧25戰爭是什麼樣的內容呢？」

　　「我們學的是完全相反的版本，清晨大家都在睡覺時北韓的共產黨突然發動侵略攻擊。」

　　由於導遊這段期間也見過許多外國人，似乎早就知道南北韓的主張不同，導遊和我都不是經歷過戰爭的世代，所以說不定可以在不會傷害對方的情況下交談。

　　「當時才剛獨立沒有多久，到底是誰那麼無禮先發動攻擊的呢？」

　　「這個嘛，畢竟我們接收到的資訊都不一樣。」

　　雖然我們以開玩笑的方式一笑置之，但韓國戰爭的話題大概也只能這樣含糊其辭帶過，我以其他國家的國籍來北韓旅行，絕對不能因為歷史的相關話題而讓對方羞愧臉紅。

另一個熱門場所

萬景台故鄉家、萬景台學生少年宮殿

　　我們前往金日成主席出生長大的萬景台故鄉家（金日成出生的家），因為知名的觀光景點都在平壤，我們移動時花費的時間並不多。抵達萬景台後，穿著漂亮韓服的導覽員面帶笑容迎接我們，導遊介紹說我來自南朝鮮後，導覽員就像是久違重逢的阿姨一樣笑得相當燦爛，感覺上自己就像是專程來北韓探親見阿姨和叔叔一樣。

　　萬景台是「可一眼望盡萬種景色」的意思。據說這個地方向來就以景色優美聞名，有錢人都爭相購買這周圍的土地建蓋墳墓祭祖。金日成主席的爺爺因為要幫忙有錢人家管理土地，後來便定居於此地。萬景台從入口就裝飾得相當漂亮，乾淨的水泥地板加上周圍有許多樹木，讓人彷彿置身於國立公園一般。萬景台故鄉家對北韓人來說同樣也是非常神聖的場所，因此絕對不敢做出在地上吐口水或踏進草皮等的行為。

萬景台故鄉家前方的景象。

萬景台故鄉家內部與扭曲的甕缸。

根據紀錄顯示，金日成主席的本名是金成柱，八歲前都住在這個地方，後來跟著進行獨立運動的父親前往中國經歷了許多事情。十四歲那一年得知父親被日軍逮捕的消息後，便下定決心要向父親的仇人報復與收復國家，直到二十年後才終於再次回到故鄉。內部妥善保存有實際使用過的生活工具，當中最引人注目的是扭曲甕缸的相關故事，據說金日成主席的奶奶剛嫁進金家沒多久時去市場購買甕缸，但因為身上的錢不夠，所以買不起正常的甕缸，儘管被村莊的人嘲笑，她最後還是選擇買便宜的甕缸，並且對村民說：「扭曲的甕缸就沒辦法製作出美味的醬嗎？總有一天它也會和這些漂亮的甕缸擺放在一起！」真是令人敬佩的抱負。

　　過了一會兒，我們便出發前往平壤的另一個熱門景點──萬景台學生少年宮殿，規模果然就如同其名一樣壯觀，平壤的學生下課後都會來此處進行學習活動，包含跳舞、唱歌、樂器演奏等綜合藝術，以及各種文化與科學知識的學習。

　　這一類的課後活動在北韓稱為塑造活動，孩子們不僅可以表演，還有游泳池、圖書館、電腦室，甚至是可容納二千人的電影院，我大概能猜到在此處學習的學生們日後出社會時可獲得何種待遇。

萬景台學生少年宮殿。

　　或許是因爲我們太晚抵達的關係，座位幾乎已經坐滿了，我們匆匆忙忙尋找座位準備觀賞表演。一群看起來像是小學生的孩子在台上跳舞和唱歌，水準幾乎和專業的藝術表演不相上下，唱歌、跳舞、樂器表演等都相當精采，讓人覺得很滿足，看著表演的同時忍不住感到讚嘆，另一方面也對辛苦努力至今的孩子們感到不捨，年紀最小的孩子大約是六～七歲左右。當天歌曲的歌詞全都是在稱讚「偉大的領導者」。

　　表演結束離開時發現外面有一群越南觀光客，正巧往我

學生們的表演場景。

們這邊走過來打招呼，因此我也回應了對方，彷彿就像是在問說「你們這趟旅程安全嗎？」一樣。搭乘遊覽車前經理人問我說：

「表演怎麼樣呢？」

「這裡的小朋友都這麼會唱歌和跳舞嗎？就和專業的表演沒兩樣，讓我看到目瞪口呆。」

「小朋友下課後全都會去進行塑造活動。」

「也就是說北朝鮮的人全都很會唱歌囉！」

我的回答似乎讓經理人相當開心，聽說北韓相當重視藝術，所以擅長跳舞和唱歌的人都獲得非常好的待遇，仔細想想

我們似乎本來就是喜愛追求歡樂的民族。另一方面，由於表演過程中不斷地聽見稱讚領導人的內容，讓人不禁認為大概沒有其他方法比歌曲更能自然地灌輸思想。在前往旅館的途中，導遊在車上說今晚要住的平城旅館沒有像平壤飯店那麼好，所以要先準備好手電筒。當下我一心只認為反正都已經晚上了，就算關燈又怎麼樣呢？

停電是很正常的吧

平城長壽山旅館

　　兩個小時後終於抵達旅館，大概是偏僻地區的關係，建築物前方沒有任何路燈，所以放眼望去一片漆黑，進入大廳後看見「長壽山旅館」五個字。

　　辦好入住手續後，我們就立刻前往餐廳，這裡的設施看起來更老舊，但我卻莫名地很喜歡旅館的幽靜氛圍。前往餐廳的路上有書店和販賣部，儘管時間已經很晚，但依舊有店員站在那邊服務。進入餐廳後發現果然已經準備好餐點了，今天的晚餐是歐式，有馬鈴薯奶油湯、炒馬鈴薯、燉馬鈴薯……廚師是去了一趟馬鈴薯田嗎？我大概已經把整個冬天會吃的馬鈴薯分量全都吃光了。因為還有炸雞和啤酒，所以我可以吃炸雞搭配啤酒，鳳鶴啤酒有一股強烈的大麥腥臭味，我覺得有點苦的大同江啤酒更美味。

邊享受晚餐邊喝鳳鶴啤酒。

　　我把白天在商店購買的大豆人造肉飯跟其他團員一起分享，剝下包裝紙後發現其實它是沾有酸甜泡菜醬料的大型豆皮壽司。香甜的生泡菜醬料味比辣味更濃郁。對了，聽說北韓人對辣炒年糕一無所知，宮廷辣炒年糕是朝鮮時代就有的料理，本以為北韓人至少會知道使用香甜醬汁搭配年糕的料理。更令人訝異的是北韓竟然沒有泡菜鍋！雖然有類似的泡菜湯，但聽說沒有和韓國一樣添加肉類的泡菜鍋。

　　不知不覺時間已經很晚了，隨著團員一個個回到寢室，我和德國團員們則在討論東德與西德的文化差異，很巧的是，德國團員同時包含了在西德與東德長大的人，再加上因為我也在場，主題自然而然就變成了「統一」。

「Jae，南韓人對於統一有何看法呢？」

「嗯，這個問題比想像中還要困難，答案大概因人而異吧，我沒辦法代表所有的南韓人回答，但希望統一的人很多，不想要統一的人也很多，最大的問題就在於也有很多人對這件事漠不關心，特別是我這一代的人。」

就在我們聊得正起勁時，整個旅館突然停電，雖然早就料到會這樣，但還是免不了感到驚訝，於是我匆匆忙忙開啓手機的手電筒功能。因為看見其他團員也拿著手電筒的模樣太搞笑了，我便拿起手機拍照，但就在此時服務生拿著一個大型的燈走過來放在桌上。雖然電力在幾分鐘後就恢復了，但因為已經很晚了，大家很快就回寢室。

進入客房後發現整個房間顯得漆黑一片，地板則是溫熱的狀態，因為只有既定時段會有熱水，我很快就洗完澡躺上床。外面一片死寂，因為實在太安靜，讓我難以入眠，於是我便打開電視，正巧新聞在播放金正恩造訪太陽宮的消息，在北韓看這則新聞讓我覺得格外新奇。電視的聲音很正常，但畫質實在太差，看沒幾分鐘，我就再度關上。躺在床上盯著天花板時讓人頓時忘記這裡到底是南韓還是北韓，總之可以確定這裡就是Korea。

第 5 章

最有名的城市 ——
平城與平壤

喇叭廣播，和Morning Call沒有兩樣

平城長壽山旅館

　　或許是房間溫度太高的關係，讓我整晚呈現如夢似醒的狀態。清晨時我走到陽台觀看來往上班的人們，順便吹一下冰冷的風。正當我心想「下毛毛雨了耶」的時候，耳邊開始傳來廣播的聲音，廣播聲真的很響亮刺耳，根本就等於是Morning Call，看來平城市民每天早上都會聽著此一宣傳廣播開始一天的行程。

　　在北韓無論是觀光名勝、街道、餐廳、地鐵等都會不斷地透過廣播宣傳社會主義的體制，因為有意與無意之間都會聽見，只不過幾天的時間我就已經在不自覺中習慣了，我所謂的「習慣」是指已經對廣播無感的意思。廣播內容大致上是在說「偉大的領導者為了祖國與人民做了某件事～之類的」，我沒辦法聽懂全部的內容，北韓話也會因為地區而有不同的語調，說太快或是說純北韓單字就很難聽懂。濟州島使用的單字

直到隔天早上才能仔細看到長壽山旅館的外觀。

就和其他地區不太一樣了，更何況是分開七十年之久的南韓與北韓。

　　因爲無法走到飯店外面，團員全都眼神呆滯地站在入口處拍攝平城的街道，眼前的景象讓我覺得非常有趣。三十多名觀光客站在飯店正門拍攝上班的北韓居民，上班的北韓人則在路過時觀賞拍攝自己的觀光客。

　　平城是平安南道的五個都市之一，此一名字的意思是「成爲守護平壤的城寨吧」。

平城離平壤三十公里左右，距離不算遠。以前原本只是小村落而已，現在是道廳的所在地，算是發展相當快速的都市。雖然道路整頓得很好，但周圍依舊有許多泥土，所以會出現淤泥。平城的街道和平壤可以說是有天壤之別，如果說平壤是裝飾漂亮的戲劇舞台，平城就是更具現實感的居住區，我真的很喜歡這種鄉下的感覺。昨天晚上太暗了沒有發現，走到外面才發現其實這間旅館的規模並不算小，飯店入口同樣也掛有讚揚領導者的口號。

　　在北韓旅行的期間感覺不管走到哪都會有觀察者和監視者，或許在北韓是理所當然的事情，但就算沒有導遊跟著我們，感覺一般民眾或是服務生也會扮演監視者的角色。在平城時也是如此，昨晚在旅館餐廳停電時有看見我拍照的人大概只有幾名團員，以及把燈放在桌上的服務生而已，但今天導遊突然小心翼翼地問我說：

　　「對了，昨天晚上不是停電嗎？妳是不是有拍照呢？」

　　於是我便主動把手機裡的照片交給導遊看，導遊仔細瀏覽過照片後說：「停電似乎造成觀光客的不便，我們還有一些不足的地方，但我們的進步沒有借助他人之力，而且不斷地朝自立自強的方向努力。」

在飯店正門觀看正要去上班的北韓民眾。

　　結果我在他面前刪除照片且讓他親自確認，爲了打破這尷尬的氣氛，至少也該說些什麼。

　　「澳洲雪梨大概是鄰近海邊的關係，也經常下雨刮風，打雷或下大雨時也會停電，所以平常家中都會備妥手電筒。」

　　但導遊只有簡單回答：「哦，是嗎？」

　　後來我就直接到一樓餐廳，順便去喝杯咖啡，餐廳旁有一個小型販賣部，有幾名長輩站在那邊聊天，爲了尋找咖啡我

便走進販賣部，結果一進去大家的視線都集中在我身上。那邊的人頓時全都停止交談且注視著我，我完全忘記自己要買咖啡這件事，然後彎腰鞠躬向老爺爺和老奶奶打招呼。

「您好，我來自南朝鮮。」

「哦，是嗎？很高興見到妳。」

一位老爺爺和一位老奶奶笑著握起我的手，能再次見到一般民眾我覺得很開心，但他們握著我的手時我卻覺得很尷尬彆扭。我問販賣部的服務生是否有咖啡，對方說沒有販售咖啡，後來我再次以彆扭的笑容打完招呼後就離開了。現在想想如果當時能再多聊幾句說不定會更好。

造訪英才學校
德成國小

　　平城有許多英才學校，今天的行程要去造訪當中最有名的德成國小，據說北韓的義務教育共十一年，分別是國小五年、國中三年、高中三年。大學與韓國一樣都是四年，北韓人同樣也為了考上好的大學而競爭得相當激烈，家長們對於讓小孩考上好學校這件事也非常狂熱。另外，平城有北韓最高學府金日成綜合大學（等於韓國的首爾大學）與同等級的平城理科大學（等於韓國的KAIST）。其實在北韓想要就讀大學不僅要具備實力，家世背景也很重要，但聽說平城理科大學只會依據實力錄取學生，真不愧是代表國家的秀才大學。讓人不禁認為平壤與平城似乎是聚集著優秀（？）人才的都市。

德成國小入口。

掛在學校牆面上的領導者圖畫與教學用圖畫。

　　遊覽車行駛二十分鐘左右開始看見學校的景象，正門有看起來像是學校管理者的人與老師在等待著我們，我和團員們跟著老師走進學校後發現，正前方牆面上裝飾著繪有領導人和孩童們一起共度愉快時光的圖畫。

　　走廊上也能看見寫有學校規則或教科書相關常識的海報與圖畫，在移動的過程中我覺得學校內部有點偏暗，因此我相當好奇孩童們上學時的狀態。我對隔壁另一組的導遊說室內燈光有點暗，他卻顯得一副無所謂的態度，仔細一看，發現走廊天花板上根本就沒有電燈。

　　我們前往二樓參觀第一堂課，階梯牆面上也貼有各式各樣的海報，當中有一張海報寫著：「千萬別忘記！美帝國是披著羊皮的狼！」這種充滿強烈色彩的內容，國小也貼有這種充滿措詞強烈的海報讓我相當訝異。或許是因為發現我很認真在看每一張海報的內容，其中一名導遊走過來問了我一個相當意外的問題。

　　「南韓不是也有發生過駐韓美軍裝甲車碾死女學生的事

件嗎？」

「對，沒錯！」

「孩子們被無辜的殺害了，這種事絕對不能忘記不是嗎？」

「當然，在北韓可以知道南韓發生的所有事情嗎？」

「對，我們都會聽說，我以前也聽說過朴槿惠前總統燭光集會的事情。」

聽完導遊的話後，我頓時認為北韓人對於南韓的了解遠遠超過我們對於北韓的認知。

超越想像！充滿才能的孩子們

德成國小

　　這所學校是包含在觀光行程中的景點，參觀日期似乎早已決定好一樣，除了我們這一團以外還有中國觀光客。

　　第一個參觀的課程是電腦課，因為孩童們都很努力在打字，後來我才發現原來他們是在練習韓文與英文打字。或許是對觀光客的參訪習以為常，孩子們連瞄都沒有瞄我們一眼，全神貫注在聽課。本以為可以和孩童們交談，但那終究只是我個人的奢望而已，連老師也完全不在意我們的存在。教室外大概是體育課的時間，外面的運動場坐滿了密密麻麻的孩童。

　　我們接著前往正在上英文課的教室，小朋友的書桌上都擺放有一本英文書且很努力地在聽課，老師用英文對小朋友說：「誰要試著用英文談一談自己喜歡的食物呢？」

　　小朋友如同競爭一般爭先恐後舉起手，有多少小朋友會想在外國人面前展現自己的英文實力呢？看起來就像是平常發

電腦課與練習打桌球的情景。

表意見的機會很多或是早已練習到某種程度了，小朋友們面帶開朗的表情努力地交談，有幾個男生的聲音則顯得相當精力旺盛，上課內容大概如下。

「WHAT FOOD DO YOU LIKE?」（你喜歡什麼食物呢？）

「I LIKE PANCAKES. DO YOU LIKE PANCAKES?」（我喜歡鬆餅，你喜歡鬆餅嗎？）

「NO, I DON'T. I LIKE RICECAKE.」（不喜歡，我喜歡年糕。）

為了傳達孩子們的氣勢，我刻意都使用大寫，在接近下課時間之際甚至還唱了流行歌。後來我們還觀賞了小型表演，小學生的歌唱與樂器演奏實力果然都超乎我的期待，有一名小男生甚至一邊打鼓一邊唱歌，觀看表演的同時觀光客們紛

紛鼓掌喝采。表演結束後就是和小朋友一起拍照的時間，有一名德國觀光客走到我身旁指著展現精采打鼓實力的男生說：

「Jae，可以幫我跟那個小男生說謝謝他精采的演出嗎？」

我欣然地答應幫忙轉達。

「這位說看完你的表演後很感動，謝謝你精采的演出。」

但小朋友只是睜大雙眼靜靜地輪流看了我和德國人而

德成國小學生們的表演。

已，大概是因爲外國觀光客當中有人突然說韓文讓他驚慌失措吧。

我一度以爲是我的語調導致他聽不懂，於是便再次慢慢問說：「你鼓打得很好，練習很久了嗎？」但小朋友依舊沉默不語，德國觀光客大概也覺得氣氛有點奇怪，就簡短地使用英文說：「Thank you.」接著問我剛才說了什麼。

「我只是照你說的轉達你很感動並且謝謝他精采的表演。」

「不過爲何小朋友都沒有反應呢？」

「會不會是老師吩咐小朋友不能跟觀光客交談呢？」

雖然不清楚小朋友是一時之間不知道如何反應，還是老師有禁止和觀光客交談，沒能聽見小朋友的回答讓我覺得有些可惜。最後我們還參觀了小朋友們練習桌球的情景，還和表演的學生們一起拍團體照。團員中有人準備了蠟筆或鉛筆等學用品，透過學校關係者轉交禮物後就匆匆忙忙去搭乘遊覽車了。

北韓目前也流行炸雞配啤酒

前往平壤

結束早上緊湊的行程後再次回到平壤，在平壤吃完飯後就要去參觀主體思想塔。仔細想想今天是在平壤的最後一天，時間真的過得很快。剛抵達時的緊張感也在不自覺中消失不見，只剩下滿滿的遺憾。我在遊覽車上反覆睡睡醒醒好幾次，發現窗外已經出現平壤的地標柳京飯店，柳京是以前平壤的舊名，據說是金正日委員長看見南韓的六三大樓後為了建蓋更高的建築物於一九八七年動工建蓋的，這座飯店地上有一〇四層樓，地下則有四層樓，問題就在於曾經幾度超過竣工日無限延期，甚至無法確定真正的營運日。到了夜晚，建築物外

平壤的地標柳京飯店。

炸雞、高麗菜沙拉加上番茄醬，很有sense的組合。

牆就會出現華麗的照明表演展現北韓的體制，在遠處觀看時就讓人覺得美不勝收，那可以說是在北韓最高處進行的光之饗宴。

　　用餐的地方是一般餐廳，我詢問導遊今天午餐的菜色，導遊有點覥腆地回答說是一般的餐點。目前為止餐點都很不錯，大概是沒有特殊的菜色才會有這樣的反應，仔細想想每次用完餐導遊都會問我感想，感覺他們非常在意觀光客在這方面的意見。

　　午餐的菜色是炸雞，竟然可以享受大同江啤酒搭配炸雞，讓人頓時感到雀躍不已，而且還有炒蛋和魷魚圈，飯後甜點則是泡芙，有許多菜都可以當下酒菜，是我非常滿意的菜單。

用餐時間我們分享了各自在參觀時的感想，團員們至今依舊對我能隨心所欲和北韓人溝通感到相當新奇，與北韓人交談是什麼樣的感覺、食物與北韓是否有很大的差異等接二連三地提出疑問。從北京一起來的英國導遊說自己準備去首爾學韓文，明明是北韓旅遊團的導遊卻不會說韓文，溝通時大概覺得相當鬱悶吧。

　　用完餐後團員便去外面走走吹風，而我也趁機去拍攝美麗的景色，這次旅行天氣都很好，運氣可說非常不錯。

　　前往主體思想塔時導遊在遊覽車中講解了「主體思想」，雖然我當下沒能馬上理解，但後來才知道原來那是指金正日主席的北韓統一理念，只要視為是北韓式的社會主義理念大概就會比較容易理解。透過車窗看見的北韓景象無論何時看都和觀看錄影帶一樣有趣，我還看見了正準備度過大同江橋的北韓人，我覺得平壤人的穿著打扮比開城人或平城人更有型。

如果首爾有漢江，那平壤則有大同江

大同江公園與主體思想塔

　　主體思想塔附近有一座能觀看大同江的寬敞公園，看見蔚藍的河水潺潺而流的景象後連同我的心也變得平靜，主體思想塔與第一天參觀的金日成廣場的人民大學習堂隔著大同江面對面，我詢問導遊這樣的位置選擇是否蘊含特殊意義，導遊回答說：「這是希望當學生走出學習堂看見大同江另一端的塔時可加深主體思想和黨的理念！」聽見這個回答後，我也不自覺地點頭回應。

　　當天的天氣雖然不錯，但卻刮著強風，頭部要抬到最高點才能勉強看清楚整座塔的外觀。我生平第一次見到如此巨大的石塔，聽說主體思想塔展望台已經變成知名觀光景點，搭乘電梯上升一百五十公尺就能眺望整個平壤市區，若是南北韓統一，這個地方會不會是最常上傳至SNS的照片呢？先去平壤美食餐廳享受一下，然後去欣賞大同江的美景，這樣的約會行程

看見大同江後頓時有種心胸開闊的感覺。

也很不賴。

　　這座塔是配合金日成主席七十歲生日於一九八二年四月十五日竣工，據說建築石塔使用的石頭至少有二萬五千五百五十個，數字和金日成主席出生至七十歲為止的天數一致，聽見此一事實後讓我真的相當訝異。塔的前方有勞工、農民、知識分子各自拿著鐮刀、鐵錘、毛筆等物品且高度大約三十公尺的銅像，這三個人物與工具象徵著「朝鮮勞動黨」，位於兩旁建築物的看板上寫著「齊心」與「團結」顯得

相當突兀。

主體思想塔最讓人印象深刻的就是頂端紅色火花狀的造型物，因為晚上的照明相當明亮，在遠處時看起來真的就像是火焰燃燒的樣子。

北韓人從小就必須學習讚揚黨和領導者的舞蹈與歌曲，當某個不斷聽見宣傳社會主義廣播的人，在人民大學習堂完成學習出來時，看見遠處的主體思想塔會是什麼樣的心情呢？我試著想像這樣的情景，在路燈少且一片漆黑的夜晚中面對閃閃發光的火花圖案，某人暗自期許能為黨奉獻身心，當然或許平壤市民全都有這樣的想法。

塔的入口有世界八十多個國家與國際機構稱頌金日成主席送來的二百五十二個石板緊密黏在一起，為了快點前往展望台，於是我們便加快腳步。

包含烽火，高達一百七十公尺的主體思想塔。

要不要在主體思想塔喝一杯咖啡呢？

主體思想塔展望台

　　進入塔內後眼前出現的是可愛的膠囊咖啡機，因爲其他外國團員在點咖啡，我也跟著走過去點咖啡。聽說展望台的咖啡在北韓是數一數二的美味，既然來了當然就該嘗試看看，從義大利空運而來的此一咖啡中覆蓋有濃烈的褐色咖啡脂層，可以說是這次旅程中最美味的咖啡。

　　想要參觀展望台的人必須在購票處支付五歐元另外購買觀覽券，有幾名團員並沒有上去參觀展望台，有購買觀覽券的人則一起去搭乘電梯，我們將觀覽券交給一名上了年紀的職員後便搭乘電梯。電梯不疾不徐地抵達展望台後，眼前的平壤市區景象讓我頓時說不出話。

　　那是一幅完全超乎想像的畫面，雖然早就知道平壤的進步遠遠超越北韓的其他地區，但親自見識後的感覺完全不一樣。當然我對於北韓隱藏在此一都市背後的實際面貌也很清

在展望台上俯瞰的大同江。

楚，在來北韓之前我曾在YOUTUBE搜尋相關資訊，甚至看過
了苦難的行軍時期（一九九○年代中後期北韓在國際上受到
孤立且因為天然災害而導致經濟貧困的那段時期）的相關影
片。舉例來說，因為沒有食物而吃草嘔吐的居民模樣、教化所
逃出者的相關專訪以及在市集撿拾地上食物的流浪兒童。

　　我認為北韓的實際情況和以前聽說的傳聞應該沒有太大
的差異，尚未開發的地區更多，到處都是三餐無法填飽肚子的
人，而且人權方面有嚴重缺失也是不爭的事實。但至少眼前的

高樓建築物密密麻麻的平壤市區。

平壤展現了北韓截然不同的另一面，有一名團員走過來對我說：

「Jae，我真的嚇了一跳，誰會猜到平壤有這麼多的高樓大廈？回國後我一定要把平壤的照片拿給朋友看，並且叫他們猜一下是哪個國家的城市。」

大同江的另一端佇立著密密麻麻包含柳京飯店在內的新型高樓建築物，另一邊則有如同加倍佳棒棒糖一樣顏色相當多元化的公寓大廈區，北韓似乎偏愛粉紅色、淺藍色、連翹花的

花花綠綠的建築物顏色讓人印象深刻。

顏色等，基於好奇我便問導遊。

　　「建築物的顏色眞是豐富，是依照什麼標準決定的呢？」

　　「我們是依照黨的吩咐來決定顏色。」

　　我本來還期待會蘊含什麼驚爲天人的意義，但事實並非如此，雖然覺得有點洩氣，但我決定將這一切視爲是北韓專屬的設計感（？）所使然。

我們都是同胞，打折一下吧

朝鮮勞動黨創建紀念塔

　　下一個行程是前往距離大同江不遠的朝鮮勞動黨創建紀念塔，大型的鐵錘、鐮刀和毛筆雕像分別象徵朝鮮勞動黨的勞工、農民和知識分子，三項工具底下的巨型支撐架寫著「朝鮮人民所有勝利的組織，以及身為人民嚮導的朝鮮勞動黨萬歲！」，兩側則寫有「百戰百勝」。如果主體思想塔的精神是齊心團結，那紀念塔的精神大概就是百戰百勝。

　　據說這座紀念塔是為了紀念黨創建五十週年而建蓋的，歷經約一年的時間才完工，雕像底下的支撐架高度大約是二十公尺，工具雕像是五十公尺，因此總高度是七十公尺。數字五十代表朝鮮勞動黨創立五十週年，七十則是指金日成主席組成打倒帝國主義同盟的一九二六年開始至一九九五年已經七十週年。

朝鮮勞動黨創建紀念塔。

進入塔內可以看見三個紀錄朝鮮勞動黨歷史的巨大青銅浮雕，分別代表共產主義勢力的團結、人民對於朝鮮勞動黨的團結意志，以及建立社會主義與統一朝鮮的熱切盼望。

後來我們還去逛了書店，雖然規模不大，但因為是專門為了外國觀光客所設立的書店，不僅有朝鮮語書，也有許多翻譯成英文的書籍。從朝鮮歷史、平壤介紹書、朝鮮語辭典，甚

陳列在書店的書。

至是主體思想相關書籍全都整齊擺放架上，另一邊則販售有報紙和各種圖形的胸章等紀念品。

我買了高麗遺跡的明信片、介紹平壤的書、畫有韓半島旗幟的胸章等，得知我來自韓國後，店員便推薦我文在寅總統參訪北韓時發行的勞動報，還包含了英文版的報紙。前往櫃台結帳時我以開玩笑的口氣對店員說：「同胞可以打折嗎？」店員回答可以便幫我扣除小數點後面的價錢。多虧這位有sense的同胞優惠價，我想我大概能忘記人蔘茶價錢被灌水的那件事了。

勞動報與平壤時報。

購物天國！和當地人一樣購物

光復百貨公司

　　期盼已久的逛街時刻終於來臨，逛百貨公司是這次旅遊的另一個重點，我們去的地方是位於光復街的光復百貨公司。遊覽車到了入口才停下來，光復街感覺就和明洞一樣，如果說黎明街散發高級的氛圍，光復街就是充滿許多商店或美食餐廳的繁華街道。

　　在百貨公司也有必須遵守的規則。

第一、　禁止攝影。

第二、　必須在規定的時間內完成逛街重新集合。

第三、　在百貨公司使用歐元或美金等換成北韓貨幣後，剩餘的錢一定要再次換回，不能攜帶北韓貨幣離開。

第四、　購買酒類時應遵守每人限購的數量。

光復百貨公司在當地的名稱是「光復地區商業中心」。

　　百貨公司的外觀看起來就和韓國的超商差不多，現代化、規模很大且相當乾淨，或許剛好是下班時間，當時逛街的人很多。一樓是食品區、二樓是服飾或鞋子、三樓是家電產品與美食廣場，光是逛一樓就覺得時間非常緊迫了。

　　我們先在百貨公司入口的小型外幣兌換處使用歐元兌換北韓貨幣，經理人說只要換三十歐元就夠了，但真正開始購物後發現錢根本就不夠，後來我又再次換三十歐元，所以多花了一點時間。北韓貨幣看起來和南韓以前使用的貨幣相似，我拿

泡菜口味即食麵和辣雞口味的炸醬麵。

到了一百元、兩百元、五百元、兩千元、五千元的紙鈔，雖然我不太清楚匯率的差異，但我購買的物品價格大致上如下：一包（二百克）牛奶口味的糖果是北韓幣四千四百元、泡菜口味的泡麵一包一千八百元、開城高麗人蔘酒一瓶一萬三千八百元，食品區的種類超過二十個，我最先去的就是泡麵區。

讓人相當訝異的是，泡麵的種類和韓國一樣相當多樣化，包括了辣味泡菜泡麵和蕎麥麵，甚至還有炸醬麵，杯麵也依照種類整齊排列。在我隨便亂挑的時候，經理人突然走過來指著泡菜口味泡麵推薦我說：「鄭小姐，這個即食麵最美味了！」北韓都稱泡麵爲即食麵或彎彎麵。

逛街時我一直感覺到北韓人的視線，或許是因爲明明說著朝鮮話，但頭髮的顏色和穿著打扮不一樣的關係，無論大人或小孩都盯著我看。如果視線對上的話，我會先露出笑容，但卻沒有人以笑容回應我。

使用三十歐元換北韓幣後的金額相當龐大，手上拿著一

大筆錢且購買泡麵和香菸裝滿推車的情景大概也讓北韓人覺得很不可思議吧。

前往聚集主婦的速食區後，我發現開放式的冰箱中擺放有只要倒入熱水就能食用的辣湯、卵湯、海鮮湯等方便料理的食品。

大致上都是主婦和孩子們一起逛街，偶爾也會看見推著推車逛街的夫妻，可以在這個百貨公司購物的人似乎都是中產階級以上，穿著時尚且推車中放了許多食品，大家都忙碌地採購。我拿著白米蒸糕在挑選巧克力時，突然有一名女子問我說：

「那個白米蒸糕在哪呢？」

「啊，這個嗎？在賣香油那一排的旁邊。」

對方聽見我的語調後似乎嚇了一跳，如果我能更自然一點說出北韓話，當時的情況應該會更有趣。因為聽說比較早結束購物的團員都去附近的咖啡廳，所以匆匆忙忙完成購物後，我便和經理人一起前往會合，走在夜晚的光復街上時，就有如置身在大韓民國的某個角落。

南朝鮮人不是都過著富裕的生活嗎？

光復街咖啡廳

　　我們聚集的咖啡廳是一間非常時髦的地方，北韓導遊或許也是第一次來，感嘆地說這間咖啡廳建蓋得相當棒。充分呈現出歐式的氛圍，每張桌子之間都有隔間，顯得格外雅靜，後來我走到北韓導遊的座位和導遊們一起聊天。

　　「教員在南朝鮮通常都給人什麼樣的印象呢？」

　　教員是指老師，我的北韓觀光證上寫著英文教員。

　　「當然是形象很好的職業呀，畢竟是指導傳授的職業，南韓人也很努力學英文，無論是在學校或是求職時英文考試也都很重要。」

　　「不過南朝鮮人不是都很富裕嗎？」

　　「咦？這個世界上哪有人民全都很富裕的國家呢？南韓也是有錢人非常富裕，貧窮者非常窮，北韓不也是這樣嗎？」

「我們都差不多耶，我們不是社會主義嗎？」

「最近在南韓要就業相當不容易，你們有聽說過三拋世代嗎？因為你們有接收許多關於南韓的資訊，所以大概早就聽說過了吧。」

「啊，我不知道耶。」

「就是指拋棄戀愛、結婚和生子這三件事，因為房價貴到上班談戀愛存錢也買不起，所以乾脆一開始就選擇放棄。」

「呼，竟然要買房子……我去南朝鮮大概沒辦法生存吧，我們不需要擔心房子的事情不是嗎？因為國家會幫我們準備。」

「不過如果擁有能做任何事情的自由呢？」

我反問只是不斷搖頭的導遊後，導遊只是默默地露出笑容而已，其實我也不清楚「自由」這個單字是否恰當。

「南朝鮮人希望統一嗎？」

「有人希望統一，也有人不希望統一，有些人則對這件事漠不關心，北韓人呢？」

「我們全都希望南北韓能夠統一。」

「我們以社會主義與民主主義分開了七十年，統一後應

該能讓日子更好吧？」

「非得要整個國家統一才算統一嗎？如果互相來往交流且火車也能通行，這樣不是很好嗎？不是也能透過地方自治團體管理嗎？」

「這樣聽起來也不錯，如果能自由來往其實也很棒。」

當南韓人漸漸對統一這個單字無感的期間，北韓人卻依舊對統一如此執著，這項事實讓我相當訝異，不對，或許感到抱歉更為正確。我們明明從小就唱著統一之歌，但對於實踐統一這件事會不會太漠不關心了呢？

北韓同胞送花束給我

平壤冷麵店

　　接下來我們要去享受在平壤的最後一頓晚餐，菜單就是知名的「平壤冷麵」，雖然不是去元祖級的玉流館，但也是去一間相當有名的餐廳，或許是旅行已經進入尾聲的關係，導遊說還有準備表演。

　　當天晚上的主菜是冷麵和漢堡排，除此之外還適當地混搭了三明治、煎餅等韓式與西式的食物，最令人期待的冷麵分量相當少，我很快地就吃光了。但麵條的味道真的很清爽，或許這間餐廳的重點在於湯頭，所以就算沒有另外添加芥末或醋也非常美味可口，添加肉與海鮮熬煮過的湯頭讓人忍不住舉起拇指讚嘆，漢堡排同樣也相當美味，我個人不是很喜歡漢堡排，但他們使用煎蛋包覆漢堡排吃的方式美味到讓我全都吃光，不過其實漢堡排的分量也很少。

晚餐的主餐平壤冷麵與漢堡排。

　　另外，邊欣賞專門為了我們準備的表演邊享受晚餐，讓人心情格外愉快，當天晚上我甚至獨自喝完一大瓶的啤酒。

　　表演進入尾聲之際，突然有一名表演者拿著花束走向我，我邊吃冷麵邊心想不會吧？在我咬斷麵條之前對方已經走到我面前獻上花束，於是我匆匆忙忙吞下冷麵且收下花束，接著擺出感激的手勢向對方表達感謝之意。因為一切都發生得太突然，讓我有點不知所措，加上花束像是表演道具，所以用完餐後我便還給表演者。我在想會不會是因為招待同胞，所以經理人特別拜託表演者獻花給我。

直到最後一刻還能欣賞精采的表演。

　　晚餐結束後團員和導遊還一起拍照，或許是最後一天的關係，讓我覺得更感謝所有的導遊。

　　我們一直都獲得最棒的待遇，對方也盡可能提供最好的服務，似乎是希望我們在北韓的期間能留下美好的回憶。

　　結束所有的行程後，我獨自一人靜靜地走向飯店的正門，站在入口處看著建築物外側時發現天空有許多的星星，而且夜晚涼爽的空氣也一陣陣吹進來。我突然覺得在平壤的最後

一個夜晚其實就和第一天時一樣美麗。

按摩結束後，我帶著輕盈的腳步回到房間，在上床前敷了一張美顏面膜，老實說對於早已習慣韓國濕潤型面膜的我來說，美顏面膜有點偏乾，拿下面膜後如果沒有快點擦乳液會覺得有些緊繃。

在應該充滿感性的最後一個夜晚，這樣的想法顯得有些現實，但果然還是大韓民國的化妝品最棒。基於隔天一早就要搭飛機，所以我必須早一點就寢，晚安，平壤。

第 **6** 章

再見，
期待下次的到來

就算在眼前也覺得懷念

西山飯店

　　在平壤的最後一個早晨，我一起床就立刻走向陽台，平壤和平城不一樣，街道上不會傳來廣播的聲響。我再次確認事先準備好的行李，昨天在百貨公司購買的食物讓整個背包都快要爆開了，最令人擔心的是我總共買了三瓶酒。聽說每個人可購買的酒類有限定數量，前一天我便問導遊說：「如果帶兩瓶以上的酒去機場會不會被抓走呢？」

　　「怎麼可能會因為幾瓶酒而被抓走呢？」

　　我認為這算是很嚴重的問題，但聽見我的問題後導遊強忍住笑容回答。因為導遊的反應顯得很輕鬆，我便放心使用衣服將啤酒捲起來放入背包深處。

　　整理完行李後，我和室友就一起下去大廳交還房卡，雖然這段時間沒能和飯店櫃檯的職員多聊幾句，但我想另外向櫃台職員道別。

「這段期間我覺得很愉快，真的很謝謝你們親切的服務。」

「您玩得愉快嗎？歡迎下次再來。」

「好，我明年會再來！」

「好，我們會等待您的光臨。」

直到最後還能獲得和藹可親的回應，雖然我一早沒有食慾，但還是想再看一次服務生或廚師忙碌工作的情景，於是我便走進餐廳。我曾在書上看過這麼一句話「經驗某件事就是使用眼睛和心多拍些照片」，此時此刻就是指那種情況吧，味道、聲音、噪音等無法使用照片拍下的一切都留存在我心中。

今天早餐的主菜是炒蛋，我沒有胃口，但因為想晚一點再吃，正當我苦思是否該要求服務生幫我打包時，廚師端著食物走了出來。

「您好，主廚，請問雞蛋料理可以包裝外帶嗎？我想待會再吃。」

「目前沒有能包裝料理的容器，請等一下。」

主廚露出一臉難爲的表情，接著便拿出包飯捲時使用的塑膠容器對我說：「想裝多少就裝吧！」

　　早餐時間結束後，團員分爲搭乘火車穿越新義州前往中國的隊伍，以及和我一樣搭乘飛機前往中國的隊伍後便各自上車，看著窗外景色的同時，腦海中突然浮現一個想法：「下次再來平壤時我要從中國搭乘火車穿越國境。」不久後，旅行第一天見到的平壤順安國際機場的建築物就出現在眼前。

西山飯店職員貼心替我打包的食物。

再次來到平壤順安國際機場。

背包裡有放酒嗎？

平壤順安國際機場

抵達機場後經理人笑著走過來說：「鄭小姐，已經準備好要回家了嗎？」

「對，托你的福我才能吃得飽、玩得開心，以及參觀各個景點，謝謝你。」

我話才剛說完他就拉著我的衣袖帶我走到商務艙的報到櫃檯，可以說話的機會就只有現在。

「經理人，我有事想坦白告訴你，我買了兩瓶啤酒和一瓶燒酒，總共買了三瓶。」

經理人頓時沉默不語呈現放空的狀態，看見此一情景，我不禁害怕是不是該趁現在拿走一瓶酒呢？他接著說：「先跟我來這邊一下！」然後我們就前往穿著軍服的檢驗員所在的地方。

「她是來自南朝鮮的觀光客。」

經理人或許是緊張的關係，介紹我的時候顯得相當小心翼翼。面無表情的檢驗員一副愛聽不聽的態度，只是很認真地看著我的護照而已，接著便向其他職員示意說讓我的行李通過X光安檢機。我當下很緊張，行李通過安檢機時發出尖銳的聲響，我擔心的事終於發生，我真的很想遵守規則，幹嘛要為了區區的啤酒冒這種危險呢？當時我真的很後悔。我看了一下經理人，他也一副驚慌失措的表情，檢驗員低聲問說：

　　「行李中有放酒嗎？」

　　「有……」

　　「買很多嗎？」

　　因為他再次以冰冷的口氣訊問，我則小聲地回答是，聲音幾乎小到只有我自己能聽見。我頓時陷入極度的恐慌當中，這是我第一次感覺到體內有某股無法掌握的氣息逐漸蔓延開來，如果坦白告知說不定會比較好。我緊張到整個人呈現蜷縮的狀態，雙手放在胸前且慢慢調整呼吸，我很清楚記得自己當下說了什麼話，彷彿就像是昨天剛發生的事一樣。

　　「我忘記是第一天還是第二天喝了大同江啤酒，因為實在太好喝了，我想讓我弟弟也喝喝看。隔天喝的金剛啤酒也比澳洲的啤酒好喝，我希望我媽媽也能喝喝看，昨天喝的平壤燒

酒太好喝了，我想讓我叔叔也喝喝看。」

空氣彷彿凝結般陷入一陣寂靜當中，接著檢驗員放聲大笑，站在一旁的經理人也跟著笑起來。

「有那麼好喝嗎？」

原本表情僵硬的檢驗員笑著問說。

看見眼前的情景後，我心想終於得救了，雖然我為了幾瓶酒出賣了家人，但啤酒和我也因此都得以生存下來。不過後來我才知道，其實不是一個人只能帶兩瓶酒，而是一件行李能放兩瓶酒。聽說還有購買一整箱酒的中國觀光客，後來我問除了酒以外觀光客還有買什麼，檢驗員說送禮用的各種香菸、泡麵、餅乾、巧克力，甚至還有買不知道是否可以吃的炸虎魚。他再次露出笑容且讓我的行李通過。

我回到商務艙櫃台時經理人拜託票務人員說給我一個好的位置，我進入出境大廳前再次和經理人握手，多虧有他的幫忙才能順利完成這次的旅行。我突然想到自己還沒向其他導遊道別，於是便回頭轉向後方，剛好我看見了叫我姊姊的那名導遊，我們互相看著對方且靜靜地揮了揮手，我們就這樣在無聲之中使用眼神互相道別，沒有和旅行社導遊好好道別就這樣離開，讓人覺得腳步好沉重，雖然只是短短五天的旅行，但或許

順利帶回韓國的酒類和香菸，瀰漫一股北朝鮮的感性。

是因為產生了感情，有種就像是在機場替朋友送行般的失落感，我不知道自己是否能再次踏上這塊土地，也不清楚是否能再次見到這些人，儘管我還沒離開北韓，但已經開始懷念這一刻了。很快地就輪到出境審查人員檢查我的護照，我不自覺地小聲說：「我昨天去參觀過主體思想塔，真的很棒！沒想到平壤有這麼多高樓建築。」

「是嗎？歡迎下次再來。」

對方根本就沒有問我，但卻靜靜地傾聽我說的話，是因為肯定性的感想讓他產生好感嗎？他抬起頭和我四目相交，因

為他長得太像男藝人玄彬，讓我嚇了一大跳。機場的職員一定都是故意只挑選帥哥，這讓我生平第一次如此迫切地希望南北韓能夠統一。

在統一的祖國 See you again
前往北京

　　因為航班少，出境大廳顯得格外冷清，有人在逛街，有人則悠哉地坐在咖啡廳喝咖啡。就在此時，北韓之旅和我睡同一個房間的室友走過來指著我手上的塑膠袋說：

　　「Jae，這不是飯店人員幫妳打包的食物嗎？妳帶著這個東西通過安檢嗎？」

　　聽見室友說完後，我才發現自己手上還拿著那袋東西，我竟然把打包的食物帶進來？因為實在太有趣，我們兩個笑了好一會兒。

　　坐在出境大廳時，我隔壁有兩位上了年紀的旅日僑胞，大概是看見我和空服員使用韓文交談的關係，對方使用語調不清晰的韓文跟我交談。

　　「韓國人也能來北韓旅行嗎？」

　　「不，因為我是其他國籍的人，所以我才能來北韓。看

清晨的機場顯得相當冷清。

來日本也能來北韓旅行？」

「日本政府非常排斥國民來北韓旅行，但卻沒辦法阻止，說不定購買的物品在抵達日本機場後會被沒收。」

他們說如果有人說要沒收物品的話，他們就會要求對方提出「北韓物品就該被沒收」的航空法，看來擔心後續會發生問題的人並不是只有我而已。雖然護照上沒有蓋章，但有待在中國一百四十四個小時的滯留簽證，無論是在韓國、中國或是北韓大概都有留下出入境的紀錄。我甚至認為抵達韓國機場後海關人員可能會問我去了哪些地方，我該練習一下

下次見吧,平壤!

回答的方法嗎?

　　直到上飛機後,我才終於明白這趟旅程是真的進入尾聲,和這段期間已經培養出情感的人道別,現在就要離開北韓的領土,北韓是距離南韓最近的一個國家,但同時也是也沒辦法輕易進出的國土,想見卻沒辦法見到的國土,那裡是想接近卻沒辦法接近的人居住的國度。該是時候說和連續劇《陽光先生》一樣的台詞了。

　　「See you again.」

看著北京的夜空，為何會流淚呢？

平壤上空

　　起飛沒有多久就開始供應飛機餐，這次的餐點是鬆軟的麵包加上火腿、起司和小黃瓜組成的三明治，點咖啡時我依照在北韓學到的方式說：「不要砂糖粉，請給我一個牛奶粉。」緊接著機內免稅品推車也出來了，我在瀏覽產品時發現有對血壓、頭痛有益處的血宮不老精，雖然我看了空服員給的產品說明書仍不太懂，總之因為對頭痛有效，所以我就買了，價格是三十歐元，因為我身上沒有歐元，拿出美金付錢後，空服員卻一副傷腦筋不知該如何找錢的表情。

　　「只要找我五塊錢美金就可以了。」

　　「請等一下。」

　　過了一會兒空服員拿了兩本高麗航空的手冊，她將手冊交給我的同時一直注意我的表情。

　　「這樣應該沒關係吧？」

對頭痛有效的血宮不老精，
以及代替零錢收到的手冊。

「那當然囉。」

在北京開會時我就已經聽說過可能會有這一類的情況，所以我一點都不覺得慌張，在北韓使用金額大的鈔票付錢時，如果無法找零就會使用其他物品代替零錢。

或許有人會不滿意這樣的方式，但能夠拿到紀念品我倒是覺得很滿足。

九十多分鐘的飛行不知不覺已經結束且抵達北京機場，通過中國漫長的入境審查隊伍後所有的團員才終於能聚集在一起，這幾天大家也培養出感情，互相給對方聯絡方式且擁抱後就各自道別。從現在起真的只剩下我一個人，距離飛往仁川的班機起飛還有好一段時間，所以我就先去咖啡廳，坐在窗邊看著窗外發呆，這五天我到底去了哪些地方呢？我至今去過許多地方旅行，但卻從未有過這樣的感覺，一股既遺憾又安心且令人懷念的心情縈繞在腦海中，我也很難用言語形容這種錯綜複

雜的情緒，儘管距離飛機起飛還必須等五個多小時，但我卻不覺得時間很難捱。

搭乘飛往仁川的飛機時我也很幸運地坐在窗邊，就在我感嘆北京美麗的夜景之際，淚水莫名地就滑落了臉頰。

「為何我會突然流淚呢？」

我也不清楚原因，我並沒有想哭，也沒有發生任何讓我感到悲傷的事，但淚水卻一直停不下來。會不會是因為剛開始旅行時的擔憂、不安和旅行過程中感受到的愉快、遺憾等各種情緒與記憶讓我流下淚水的呢？我突然想起笑著以開玩笑口吻對我說：「快快來！」的司機、面帶笑容稱我為姊姊的導遊，當然還有每次都會問我食物味道怎麼樣，對我百般照顧且和我交談最多次的經理人，以及和我打招呼的北韓民眾，仔細想想我在北韓的這幾天真的經歷和體驗了很多事情。

儘管臉上流有淚水和鼻涕，我還是向推著飲料推車的空服員點了當地的啤酒和一杯白酒，我同時拿到飲料和飛機餐，我覺得不管是替哭泣的乘客服務的空服員或是邊哭邊點餐的乘客都很厲害。邊吃飯邊喝酒的同時，我的淚水依舊沒有停止，一直到飛機降落時都還沒停下，然後我就這樣再次回到大韓民國。

結果我的擔憂是多餘的，金浦機場入境審查人員並沒有問我任何事情。

　　這是一段如同作夢般的旅行，明明是我們的領土卻不是我們國家，明明是最近卻也是最遙遠的國家，我的北韓之旅就此結束了。

完成平壤之旅

　　北韓之旅就這樣順利結束，雖然只有短短幾天，但我去過平壤、開城、平城等許多地方，眞的是如同夢境一般的五天。

　　周遭有人阻止我去北韓旅行，但也有人說去北韓旅行是勇氣可嘉的一項行動，直到出發前爲止我都無法確定哪一個主張才是正確的。從決定這次旅行的那一刻開始到抵達平壤的這段時間我都活在恐懼當中，也曾多次苦思是否該取消這趟旅行。

回到韓國後我便恢復一如往常的生活，家人看見我平安回來後顯得相當開心，奶奶則對我去北韓這件事依舊感到無法釋懷地對我說：

　　「妳怎麼會膽子大到想去那麼可怕的地方呢？」

　　「奶奶，妳小時候如果有意願的話，應該也能搭火車去咸興玩吧？」

　　「對呀。」

　　「不過爲何妳會害怕呢？」

　　「因爲北韓都是赤色份子呀，妳不知道戰爭有多可怕嗎？就算表面上釋出善意，但其實私底下不斷地在尋找機會發動攻擊。」

　　雖然我都是間接接觸到奶奶口中的共產黨、赤色份子、戰爭等，但我很清楚經歷過戰爭時期的奶奶是以何種心情看待北韓。

　　南北韓分裂至今已經七十多年，儘管我們從小就學習統一相關的歌曲和稱自己爲韓民族，但依舊在互相漠不關心的狀態下度過長久歲月。

一個是總統也會被彈劾的國家，另一個則是領導者早已超越權力者且成為神一般存在的國家，南北韓統一後會是什麼樣的面貌呢？

透過這次的旅行我發現一件事，儘管思想與文化不同，人類生活的環境終究不會有太大的差異。父母希望和家人過著幸福的生活、子女能一切順利的心情，想和朋友共度美好的時光，以及為了讓生活更幸福而著手規畫未來，無論是在韓國或是北韓的生活模式都是相同的，而我也親眼見證了此一事實。

從北韓回來後，我對北韓的看法稍微改觀，它確實是會監視與控管人民的社會主義國家，但現在只要提到平壤，我都會先想到親切打招呼的北韓人。

我希望未來南北韓一定要統一，我們就能搭乘火車經過平壤穿越新義州，南北韓失散的家族也可以如願重逢相聚，希望舉辦奧運時可以更常看見韓半島的旗幟，也希望日後我們可以在元山海邊享受度假的時光。

愛　　生　　活　　　　　0　　5　　4

我要去平壤！
2019 北朝鮮眞實遊記
평양 , 제가 한번 가보겠습니다

國家圖書館出版品預行編目（CIP）資料

我要去平壤！2019 北朝鮮眞實遊記／ 鄭在娟著；林建豪譯 . -- 初版 .
-- 臺北市：健行文化出版：九歌發行，2020.09
256 面；14.8×21 公分 . --（愛生活；54）
譯自：평양 , 제가 한번 가보겠습니다
ISBN 978-986-99083-2-0（平裝）

1. 遊記　2. 北韓

732.9　　　　　　　　　　　　　　　　　　　109011223

作　　　者 —— 鄭在娟
譯　　　者 —— 林建豪
責任編輯 —— 曾敏英
發 行 人 —— 蔡澤蘋
出　　　版 —— 健行文化出版事業有限公司
　　　　　　　臺北市 105 八德路 3 段 12 巷 57 弄 40 號
　　　　　　　電話／ 02-25776564 ・傳真／ 02-25789205
　　　　　　　郵政劃撥／ 0112295-1

九歌文學網　www.chiuko.com.tw

排　　　版 —— 綠貝殼資訊有限公司
印　　　刷 —— 前進彩藝有限公司
法律顧問 —— 龍躍天律師・蕭雄淋律師・董安丹律師
發　　　行 —— 九歌出版社有限公司
　　　　　　　臺北市 105 八德路 3 段 12 巷 57 弄 40 號
　　　　　　　電話／ 02-25776564 ・傳真／ 02-25789205
初　　　版 —— 2020 年 9 月
定　　　價 —— 360 元
書　　　號 —— 0207054
Ｉ Ｓ Ｂ Ｎ —— 978-986-99083-2-0